성령님을 추구하라

A. W. 토저 마이티 시리즈(A. W. TOZER Mighty Series)

토저는 교인수의 성장을 위해서라면 대중의 인기에 야합하고, 거대 기업의 경영방식을 무차별 차용하고, 할리우드 엔터테인먼트 방식을 예배에 도입하는 것에 대해 통렬한 비판을 가하였다. 그는 현대의 교회가 물량적 성장을 위해서라면 교회의 순결성을 포기하는 듯한 자세를 보일 때는 그것을 좌시하지 않고 언제나 선지자의 음성을 발하였다. 든든지 안 든든지 이스라엘 교회의 세속화를 준열히 책망했던 예레미야처럼, 토저도 시대에 아부하지 않고 하나님교회의 순정성(純正性)을 파수하기 위해 '강력한'(Mighty) 말씀을 선포했다. 그래서 토저는 '이 시대의 선지자'라는 평판을 들었다. 토저가 신앙의 개혁을 위해 외쳤던 뜨겁고 강력한 메시지를 이 시대의 우리도 들어야 한다. 말씀과 성령에 의한 개혁이 절실히 필요한 이때, 규장에서 토저의 강력한(Mighty) 메시지들을 'A. W. 토저 마이티(Mighty) 시리즈'로 출간한다.
"토저의 설교는 설교단에서 발사되어 청중의 마음을 관통하는 레이저 광선과 같다." – 워런 위어스비

A . W . T O Z E R

ALIVE IN THE SPIRIT

성 령 님 을
추 구 하 라

A.W. 토저

MIGHTY SERIES 34

규장

차례

Alive in the Spirit

내 삶에
성령님이
일하시게 하라

이 책의 주제, 즉 성령 안에서 역동적인 삶을 살아가는 문제는 우리가 사는 이 시대에 매우 중요한 문제다. 다른 어떤 논쟁도 성령을 주제로 한 논쟁만큼 치열하지는 않을 것이다.

이 책을 만들기 위해 A. W. 토저의 설교들을 모으던 내 마음에 토저의 말이 와닿았다.

"우리 시대의 복음주의 교회가 성령님을 대하는 태도는 자유주의적인 현대 교회가 예수 그리스도를 대하는 태도와 흡사하다."

자유주의자들은 예수님을 부정하지는 않았지만, 그분을 다소 소홀히 했다. 이와 비슷하게, 토저 시대의 복음주의자들은 성령님을 부정하지는 않았지만, 그분과 교회 안에서 그분의 정당한 위치를 다소간 소홀히 했다. 그런데 토저가 했던 말은 지금 이 시대에도 그대로 해당된다.

토저의 말에는 "복음주의 교회는 자유주의 교회가 갔던 길을 따라가고 있다"라는 뜻이 내포되어 있다. 이렇게 진단한 토저가 제시하는 해결책은 교회들이 다시 성령님의 권위에 복종하는 것이다.

성령님의 권위는 그리스도인 한 사람 한 사람에게서 시작되어 그 개인들을 채운 다음에 개교회로 흘러들어가야 한다. 그런데 우리의 방법은 거꾸로 가고 있다. 개교회의 지도자들, 심지어 교파의 지도자들은 회중들이 따라야 할 기조(基調)를 정하려고 애쓴다. 그들은 (토저의 관점에서 볼 때) 경멸스러운 공식(公式)으로 성령의 문제를 해결하려고 한다. 그들은 올바른 공식만 있으면 모든 것이 해결된다고 본다.

그러나 이 책은 개인에게 초점을 맞춘다. 물론 토저는 개교회를 위한 격려의 말을 전한다. 하지만, 무엇보다 그리스도인 개인을 강조한다. 개교회는 하나 하나의 그리스도인으로 구성되기 때문에, 그들의 성격이 곧 개교회의 성격을 규정한다.

이 책에서 우리는 토저가 아주 미워했던 것을 엿볼 수 있다. 그것은 복음주의 교회가 분열되었기 때문에 문화에 아무런 영향도 미치지 못하는 것이었다. 그는 이것을 한탄했다. 지금의 교회는 문화에 영향을 끼치기는커녕 오히려 문화가 교회에 영향을 줄 뿐만 아니라 교회를 점령하고 있다. 토저는 세상에서 보이는 것들이 개교회에서도 보이는 현상을 비판했다. 이런 현상은 잘못된 것이다!

부분이 아닌 전체를 보라

토저의 주장은 어느 한쪽의 극단으로 흐르지 않는다. 기독교의 어떤 그룹은 한쪽 방향으로만 멀리 가서 그 극단에 빠져 있고, 또 다른 그룹은 반대쪽으로 멀리 가서 그 극단에 빠져 있다. 과시욕이 강한 사람들이 한쪽에 있고, 그 반대쪽에는 은사종결론자들(cessationists, 사도 시대의 종결과 더불어 방언, 예언, 신유 같은 성령의 은사들도 종결되었다고 믿는 사람들)이 있다. 토저가 간파했듯이, 이런 현상은 교회에 중대한 피해를 입혔다. 이런 문제를 바로 잡을 수 있는 유일한 방법은 성령의 교리를 정확한 관점에서 제대로 보는 것인데, 바로 이 책이 그것을 제시한다.

이 책의 한 장(章)에서 토저는 명화들에 대한 그의 사랑을 얘기하며, 그림은 한 번의 붓 터치가 아니라 여러 번의 붓 터치로 완성되는 것이라고 말한다. 우리는 그림을 볼 때 한 번의 붓 터치에 주목하지 않는다. 그렇게 하면 그림 전체를 볼 수 없게 된다. 그런데 이렇게 전체를 보지 못하는 현상이 성령의 교리와 관련하여 나타났다는 것이 토저의 지적이다.

개인적인 의견과 편견들을 버려야 성령님을 알 수 있고,

또 신자의 삶과 회중의 삶에서 그분의 권위가 차지하는 정당한 위치를 이해할 수 있다. 그러므로 모든 것을 하나님의 말씀에 비추어 확인하는 것이 매우 중요하다.

토저는 사람들이 성경 한 구절을 문맥과 상관없이 끄집어내어 자기들의 입맛에 맞게 해석한다고 비판하곤 했다. 하나의 성경구절은 성경 전체의 흐름에 비추어 이해되어야 한다. 성경 전체를 보아야 성경 전체의 의미가 드러난다. 성경을 여러 조각들로 잘라서 하나의 붓 터치에만 주목하면 성경이 말하려는 것을 놓치게 된다.

진지하게 탐구하라

토저의 견해에 따르면, 성령의 은사들은 어떤 개인을 높이기 위해 주어지는 것이 아니다. 어떤 개인이나 심지어 어떤 하나의 은사가 회중에서 높임을 받는다면, 그것은 아마도 성령님의 일하심이 아닐 것이다. 이런 말이 가혹하게 들릴 수도 있겠지만, 우리는 우리의 삶이나 개교회의 삶과 사역에서 나타나는 성령님의 일하심을 판단할 때 매우 진지해져야 한다.

토저는 사람들이나 심지어 교파들을 공격할 때에는 매우 조심스런 태도를 취하지만, 잘못된 교리에 대해서는 가차 없다. 하나님의 일을 감당하라고 부름 받은 하나님의 사람으로서, 그는 자신의 시대에 일어나고 있는 영적 오류에 분연히 맞서야 한다고 느꼈다.

나는 이 책의 토대가 된 토저의 설교들이 1950년대 종반과 1960년대 초반에 만들어졌다는 사실에 놀라게 된다. 토저가 1963년에 세상을 떠났다는 것을 생각해보라. 그럼에도 그가 생전에 말한 것은 지금 우리의 시대에도 잘 들어맞는다. 아니, 그때보다 지금에 훨씬 더 맞아떨어진다! 그가 그의 시대에 던졌던 경고의 메시지는 오늘날의 상황에도 그대로 적용된다!

그렇기에 만일 어떤 사람이 이 책의 내용을 진지하게 받아들인다면, 그 사람은 영적 생활에서 이 책의 영향을 깊

이 받게 될 것이라고 믿는다. 이 책이 제시하는 최종 목표
는 성령님 안에서 역동적으로 사는 것이다.

누구를 높일 것인가

토저의 지적에 의하면, 성령님과 개교회의 사역을 대신
하게 된 것들 중 하나는 연예오락이다. 우리 사회는 연예
오락에 완전히 사로잡혀 있고, 그 연예오락은 예수 그리스
도의 교회 안까지 침투했다. 토저는 이것에 단호히 반대한
다. 예배와 연예오락은 서로 정반대이기 때문에 섞일 수
없다. 이 둘 사이에는 양자택일이 있을 뿐이다!

토저가 본 연예오락의 문제는 항상 그것을 제공하는 사
람을 높인다는 것이다. 그 사람이 예수님이나 하나님을 언
급하면서 자기가 그리스도인이라고 주장할지라도, 결국
각광을 받는 것은 하나님이 아니라 그 사람과 공연이다.

나는 토저가 어떤 사람에 대해 이야기하는 것을 들으며
웃지 않을 수 없었다. 그 사람은 토저에게 편지를 써서 찬

송가를 부르는 것이 연예오락의 한 형태라는 논리를 펼쳤다. 그에게 토저는 "찬송가 부르는 것이 연예오락이면 나는 연예인이겠군요"라고 말한 다음, 즉시 "그러나 그것은 연예오락이 아니고, 따라서 나도 연예인이 아닙니다"라고 덧붙였다. 그리고 예배자가 되는 것이 그의 인생의 최고 관심사라고 설명했다.

토저의 삶에서 성령님이 가장 원하시는 것은 예수 그리스도를 높이고 그의 삶에 예배의 활력을 불어넣어 주는 것이었다. 이것은 오늘날 우리의 경우에도 마찬가지다. 예배는 매우 중요한데, 토저는 인간이 예배를 주도해서는 안된다고 믿었다. 성령님에게서 시작된 예배가 아니라면 진정한 예배가 아니다.

토저의 주장에 따르면, 회중이 성령님의 권위를 소홀히 하기 때문에 오늘날 우리의 예배가 인간이 주도하는 인간 중심적 예배가 되었다. 이런 예배는 예수 그리스도를 높일 수 없다.

거룩한 일을 이루시는 성령님을 만나라

이 책 전체에 걸쳐 드러나는 토저의 견해에 따르면, 사람들이 선한 일을 할 수는 있지만, 그것이 하나님의 거룩한 일을 추진하고 완성시키지는 못한다. 오직 '거룩하신' 영이 하나님의 '거룩한' 일을 이루실 수 있다. 그 일은 성령님에게서 시작되어 성령님에게서 끝난다.

이 책은 그리스도의 몸을 향한 토저의 열정을 잘 보여준다. 이 책 전반에 걸쳐 나는 토저의 대화체 어조를 그대로 살리려고 노력했다. 어떤 설교들에는 그의 간증이 들어 있었는데, 나는 그의 간증을 이 책에 싣는 것이 좋겠다고 생각했다. 그는 남에게서 듣거나 책에서 읽은 것을 말하지 않고 그가 개인적으로 체험한 것을 말한다. 그의 거듭남과 성령충만의 체험에 대한 간증은 이 책 전체의 내용을 위한 토대의 구실을 한다.

나는 성령님이 토저의 인생과 날마다의 행함에 끼친 영향이 얼마나 매력적인 것인지를 보았다. 토저는 그에 대해 이 책에서 꽤 길게 이야기한다.

이 책은 단숨에 읽어버릴 수 있는 책이 아니다. 물론 굳이 그렇게 읽겠다면 그렇게 할 수도 있지만, 그럴 경우 이 책에서 최대한의 것을 얻어내지는 못할 것이다. 아마 토저는 당신이 이 책의 한 장(章)을 읽으면 그 다음 장으로 넘어가기 전에 읽은 내용을 깊이 묵상하고 당신의 마음에 적용하기를 원했을 것이다.

이 책은 즐거움을 위해 읽는 문학작품 같은 것이 아니라 우리의 마음으로 받아들여야 할 영적 진리다. 성령님에 대해서 아는 것은 그분과 개인적으로 친해져서 그분을 실제로 아는 것과 다르다. 이것은 토저가 이 책에서 줄곧 강조하는 것이다.

제임스 L. 스나이더

ALIVE IN THE SPIRIT

임재하시는
성령님,
그 임재를 경험하라

성령님을
만나다

그런즉 누구든지 그리스도 안에 있으면 새로운 피조물이라 이전 것은
지나갔으니 보라 새 것이 되었도다 고후 5:17

오늘날의 교회에게 '성령'이라는 주제보다 더 중요한 주
제는 없을 것이다. 삼위일체의 제3위이신 이분에 대해 성
경 말씀을 갖고 묵상할 때 나는 가장 큰 영감을 얻는다.

내 한계들을 잘 알고 있지만, 그럼에도 불구하고 나는
성령이라는 주제를 최대한 철저하게 다루고 싶다. 내가 하
나님에 대해 아무리 많이 안다 해도 그분에 대해 모르는
것이 훨씬 더 많다. 그분이 자신을 알려주고 싶어 하시는
한도 내에서 최대한 그분을 알고자 한 것이 내가 날마다의

마다의 삶에서 열정적으로 추구해 온 일이다.

성령이라는 주제를 다루면서 나는 내 견해도 밝히게 될 것이다. 이것은 불가피하다. 성령에 대한 내 견해가 없다면 왜 굳이 그분에 대해 말하고 글을 쓰겠는가?

그런데 내 견해는 성령님이 성경에서 계시해주신 진리의 토대 위에 서야 한다. 사도 바울은 그의 독자들에게 "내가 말했다고 해서 무조건 내 말을 믿지 말고, 성경을 읽고 내 말이 진리인지를 확인하라"라고 권면했다. 여기에 해당하는 좋은 예가 "베뢰아에 있는 사람들은 데살로니가에 있는 사람들보다 더 너그러워서 간절한 마음으로 말씀을 받고 이것이 그러한가 하여 날마다 성경을 상고하므로"(행 17:11)라는 기록에서 발견된다. 그러므로, 나는 이 책의 이야기를 시작하면서 내 모든 말을 성경에 비추어 확인한 다음에 비로소 내 말을 받아들이거나 믿으라고 권한다.

나중에 나는 한 장(章)을 할애하여 성령님에 대한 내 믿음이 어떤 기초 위에 서 있는지를 밝힐 것이다. 우선 간단히 언급하자면, 그 기초는 성경과 신경(信經)과 찬송가다. 이 세 가지는 서로 조화를 이루어 성령님에 대한 진리를 제공해주기 때문에 내 견해는 이것들의 가르침을 따른다.

성령님에 대한 내 견해 중에 이것들의 지지를 받지 못하는 것이 있다면, 나는 지적(知的) 및 영적 성실성을 발휘하여 내 견해를 포기해야 한다.

성령님 안에서 살아가는 자신의 삶에 대한 간증을 나눌 수 있는 권리는 누구에게나 있다. 그런데 방금 내가 말했듯이, 그 간증은 사도 시대부터 오늘날까지 이어져 내려온 정통 신앙에 부합해야 한다. 나는 내 간증을 나누기를 원한다. 내 영적 생활의 개인적 부분들에 대해 말하는 것이 때로는 좀 불편하지만, 아무튼 이 책에 나오는 내 간증이 개인적 체험이라는 것은 알아주면 좋겠다. 내 간증은 이론이 아니라 개인적으로 직접 경험한 것이다.

성령의 교리를 다루는 데에는 몇 가지 방법이 있다. 우선, 성경에 나타난 성령님을 연구하고, 그분에 관해 쓰인 모든 책들을 읽는 것이다. 이것은 신학적 작업이다. 내가 신학의 중요성을 믿는다는 것을 알아주면 좋겠다. 신학은 쉽게 말해서 하나님을 연구하는 것인데, 내가 '하나님 연구'보다 더 귀중하게 여기는 것은 이 세상에 없다. 때로는 '하나님 연구'가 연구자 개인과는 전혀 상관없이 직업적인 일로 끝나는 경우가 있다. 하지만, '하나님 연구'가 성경의 진리에 부합하는 것이라면 개인의 일상적 삶에 적용되어야 한다. 우리는 진리를 단지 믿는 것으로 끝나면 안 되고, 그 진리를 통해 근본적으로 변화되어 그리스도 안에서 '새로운 피조물'이 되어야 한다.

삼위일체의 이 거룩하신 제3위(성령님)에 대한 교리와 신학적 해석과 성경의 교훈에 대해 논의하고 싶은 마음이 내게 없는 것은 아니지만, 그런 논의는 기초적인 것에 불과하다. 내 개인적 체험에 대한 간증에는 그런 기초적인 것이 이미 내포되어 있다. 성령님은 내 신앙생활의 처음부터 오늘날까지 내 삶에서 중요한 부분을 차지해 오셨다.

나의 회심

내가 태어난 가정은 기독교 가정이 아니었다. 우리 가족은 펜실베이니아 서부 출신의 좋은 사람들이었지만, 그리스도인들은 아니었다. 내가 십 대였을 때 우리 가족은 오하이오주 애크런으로 이사했다. 그곳의 고무 공장들은 많은 이들을 고용했고, 내 누이와 나도 그런 공장에서 일자리를 얻었다.

우리가 사는 곳에서 길을 따라가면 감리교회가 하나 있

었다. 우리는 때로 그 교회에 갔지만, 정기적으로 가지는 않았다. 나는 다른 식구들보다는 자주 갔는데, 그것은 훗날 내 아내가 된 여성을 거기서 만났기 때문이다. 나는 그 감리교회의 가장 큰 매력이, 적어도 내게는 바로 그 젊은 여성이었음을 인정한다.

내가 그 교회 목사님의 설교를 듣긴 했지만, 당시에는 그리스도인이 아니었다. 기본적으로, 그 목사님의 모든 설교의 요지는 "행복을 맛보려면 선하게 사십시오. 그러면 아무 문제가 없을 것입니다"라는 것이었다. 그의 설교는 내 마음과 영혼에 아무런 감동을 주지 못했고, 지금도 그렇다.

이제와 돌이켜보며 하나님께 감사하는 것은 성령님이 당시 나같이 배우지 못한, 겨우 열일곱짜리 사람을 아주 멋지게 다루셨기 때문이다. 우리의 이웃에는 홀맨(Holman)이라는 사람이 살았다. 그 사람의 성은 기억나지 않는다. 우리는 그냥 그를 '홀맨 씨'라고 불렀다. 그는 우리 옆집에 살았고, 우리는 그가 그리스도인이라는 말을 들었다. 하지만 그는 내게 그리스도에 대해 말하지 않았다.

그러던 어느 날, 내가 친근한 그와 함께 길을 걷고 있을 때 그가 갑자기 내 어깨에 손을 얹더니 말했다.

"당신에게 궁금한 점이 있습니다. 당신이 그리스도인인지, 당신이 회심했는지 궁금합니다. 이 점에 대해 당신과 얘기를 나누고 싶었습니다."

나는 그에게 그리스도인이 아니라고 말했다. 그리고 우리 둘 사이에서 더 이상 대화가 이어지지는 않았던 것 같다. 다만, 추측건대, 그때 성령님이 내 마음에 복음의 씨를 심어주신 것 같다.

애크런으로 이사 가서 3년이 지난 어느 날, 나는 일을 마치고 집으로 걸어가고 있었다. 그런데 길 건너편에 소수의 사람들이 모여 있는 것이 눈에 보였다. 그들 가운데에서 어떤 노인이 무슨 말을 하고 있는 것 같았다. 거리가 어느 정도 떨어져 있었기 때문에 그의 말이 들리지는 않았다. 호기심이 발동한 나는 그들이 무슨 일로 그곳에서 웅성웅성하는지를 알기 위해 길을 건너갔다.

그 노인이 독일어식 말투를 강하게 사용했기 때문에 그의 말을 알아듣는 것이 쉽지 않았고, 나는 그들이 왜 모여 있는지 여전히 파악이 안 되었다. 그러던 중 드디어 "아, 이 사람이 여기 길모퉁이에서 전도를 하고 있구나!"라는 생각이 내 머리를 스쳤다. 그러면서 나는 약간 놀랐다. 아니, 솔직히 말해서 충격을 받았다. 그리고 "왜 이 사람은 교회에 가서 설교하지 않는가? 게다가 오늘은 일요일도 아니지 않은가?"라는 생각이 들었다.

내 호기심이 줄어들지 않았으므로 나는 그가 무슨 말을 하는지 이해하려고 애썼다. 그때 그가 무슨 말을 했는데, 그 말은 그럭저럭 분명하게 들렸다.

"당신이 어떻게 구원받는지 모른다면, 하나님께 '하나님이시여, 이 죄인에게 자비를 베푸소서!'라고 간절히 구하십시오. 그러면 그분이 들으실 것입니다."

이 말이 내 마음에 꽂혀서 나를 완전히 사로잡았기 때문에 그의 다른 말들은 더 이상 내 귀에 들어오지 않았다. 집으로 걸어가면서 그의 말을 곰곰이 생각해보았다. 그것은 그전에는 전혀 들어보지 못한 말이었다. 그전에도 교회에 몇 번 갔지만, 그런 식으로 단순명료하게 말하는 것을 들어본 적은 없다!

솔직히 말하자면, 그 사람의 말이 내 마음속에 박혔기 때문에, 그의 말이 사실인지 아닌지를 알아보겠다는 갈망이 내 마음을 계속 찌르기 시작했다.

지금 돌이켜 생각하니, 그때 성령님이 내 삶 속에서 일하고 계셨다는 것 밖에는 다른 설명을 할 수 없다. 그 당시 나는 성령님을 몰랐고, 그분이 어떻게 일하시는지도 몰랐지만, 그런 나의 무지와 전혀 상관없이 그분은 내 삶 속에서 일하셨다!

집에 도착하자마자 나는 다락방으로 곧장 올라가 문을 닫고 무릎을 꿇은 뒤 하나님께 내 마음을 쏟아놓았다. 그때 거기서 무슨 일이 일어났는지는 지금도 잘 모른다. 딱 하나 아는 것은 그때 거기서 내가 거듭났다는 것이다! 성령님은 내가 그 전에 체험하지 못했던 새 생명이 내 마음 속에서 태어나게 하셨다!

성령님과의 이런 만남으로 인하여 내 삶은 변화되었고, 하나님을 찾는 내 삶의 여정이 시작되었다. 그때 내 나이 열일곱 살이었다.

성령의 충만을 입다

나는 감리교회에서 만난 젊은 여성과 데이트를 시작했다. 그녀의 이름은 에이다 세실리아 포츠(Ada Cecelia Pfautz)였다. 우리는 결국 결혼했고, 그녀와 나의 관계는 내가 그

녀의 어머니 케이트 포츠를 아는 계기가 되었다. 케이트 포츠는 영성이 깊은 분이었고, 애크런 지역에 있는 오순절 교회에 출석하고 계셨다. 당시 나는 오순절 교회가 어떤 교회인지 몰랐다. 내가 볼 때 교회들은 다 똑같았다.

케이트 포츠는 내가 그 분의 집에서 열리는 기도회에서 말씀을 나눌 수 있도록 초대하곤 했고, 내가 하나님의 일을 하도록 격려하셨다. 나는 교육을 받은 적이 없었지만, 그 분은 나를 많이 격려해주셨다. 이제와 생각해보니, 이 모든 일들 뒤에 성령님이 계셨다!

그러던 어느 날 케이트는 나를 따로 불러내어 진지한 얘기를 하기 시작했다. 그것은 성령충만에 관한 얘기였다. 내가 출석하고 있던 감리교회에서는 성령충만이 전혀 언급되지 않았다. 사실, '성령'이라는 말 자체가 좀처럼 언급되지 않았다.

나는 케이트가 말하는 성령충만이라는 것이 다 이해되지는 않았다. 그러나 케이트는 나를 격려하면서 나와 함께 기도했고, 그 후 어느 날에는 "여보게, 성령님이 자네를 충만하게 채우시려면, 먼저 자네가 무릎을 꿇고 자신에 대해 죽어야 하네"라고 말씀하셨다. 그리고 내가 알아들을 수 있는 한도 내에서 아주 자세히 설명해주셨다.

지금 생각해보니, 당시 성령님이 내 안에서 일하고 계셨다고 판단하게 된다. 내 마음이 점점 더 편하지 않았기 때문이다. 나는 하나님께서 내게 주기 원하시는 모든 것들을 다 이해할 수는 없었지만, 그럼에도 불구하고 그것들을 원하게 되었다. 나는 성령을 이해하지 못했다. 성령충만이 무엇인지도 몰랐다. 하지만 그분이 내게 주기 원하시는 모든 것들을 향해 내 마음을 열었다. 그리고 그분이 내 안에서 행하시려는 것이 내 무지 때문에 제한되는 것을 원하지 않았다.

결국, 내 소원은 이루어졌다! 열아홉 살 때, 나는 강력한 성령충만을 받았다. 그때 일어난 일을 설명하는 것은 지금도 쉽지 않다. 그때의 일에 대해 몇 년 동안 생각하고 연구하고 묵상해왔지만, 대개의 경우, 우리의 능력으로는 성령님이 하시는 일을 완전히 '이해'하는 것이 불가능하다. 그분의 일을 '설명'하는 것은 더욱 불가능하다.

그러나 그때 하나님께서 나를 위해, 내 안에서 행하신 일에는 명확한 부분도 있다. 그때 이후, 내 밖에서 일어나는 일은 내게 전혀 중요하지 않게 되었다. 그때 나는 중요하지 않은 모든 것들로부터 가장 중요한 것으로 점프해서 옮겨갔는데, 그 가장 중요한 것은 살아 계신 하나님의 영에 사로잡히는 것이었다!

지금 내 인생을 뒤돌아보면, 나는 "이제까지 하나님께서 나와 내 사역을 통해 이루신 모든 것들은 내가 성령충만을 받았던 사건에 그 뿌리를 두고 있다"라고 간증하게 된다. 모든 영광은 성령님에게 돌아가야 한다. 성령충만을 받았던 그때 나는 성령의 능력으로 충만해졌다.

이제까지 내 힘으로 시도했던 것들은 모두 실패했다. 그러나 내가 빠지고 그분이 일하시도록 했을 때 그분은 정말 놀라운 일들을 이루셨다. 그분께 순종하는 사람의 삶에서 그분이 이루시는 일은 영원한 가치가 있다.

중요한 것은 성령님이시다

그러므로 나는 이 책 전체에 걸쳐 이야기하게 될 성령과 성령충만에 대해 열정을 갖고 말하지 않을 수 없다. 하나님께 복을 받고 그분에게 사용되기를 원하는 사람은 누구나 그의 삶에 임하는 성령의 강력한 충만에서 시작해야 한다. 성령충만을 받으면 그들이 주도권을 쥐게 되지 않고,

오직 성령님이 그들 안에서 그들을 통해 일하신다.

내가 볼 때, 이제까지 내 인생에서 정말 어려웠던 일들 중 하나는 내가 옆으로 비켜서고 성령님이 대신 그분의 방법으로 그분의 일을 하시도록 하는 것이었다. 때로는 내 마음속에 교만이 슬그머니 들어와서 내가 큰일을 하고 있다는 착각에 빠지기도 했다. 그럴 때 대개 성령님은 "네가 할 것은 없어. 네가 하는 것은 모두 비참할 정도로 실패할 수밖에 없어"라고 깨우치신다. 그러므로 나는 나 자신을 격려하거나 채찍질해서 무엇을 이루려고 하지 않는다. 대신 성령님만이 이루실 수 있는 일을 이루시도록 자리를 내어드리고 복종한다.

몇 년에 걸쳐 나는 그분께 "성령님, 이쪽 방향으로 이끌어주셔야 합니다"라고 말씀드려서 내 뜻을 관철시키려는 것이 잘못이라는 것을 배웠다. 솔직히 고백하지만, 내가 그분이 행하시는 모든 것을 이해하는 것은 아니다. 많은 것이 그분의 신성의 '거룩한 커튼' 뒤에 숨겨져 있고, 그 누구도 감히 그 커튼을 뚫고 들어가지 못한다.

내 미래가 어떻게 될 것인지를 알고 있는 분은 성령 하나님뿐이시다. 나는 내 미래에 대해 추측해보려는 시도조차 하지 않는다. 물론, 내가 이루고 싶은 일들이 있기는 하다. 나는 모든 사람들이 자기의 일을 끝내기 전에는 죽지 않는다고 믿는다. 더욱이 내가 성령님에게 사용되기를 원하는 한, 그분이 나를 사용하실 수 있다고 믿는다. 내 목표는 날마다 그분 안에서 살아가는 것이다!

내가 성령 체험을 통해 배운 가장 중요한 것은 그분이 일하시도록 하는 것이다. 내가 너무 자신감에 차 있을 때에는 나쁜 실수들을 범했다. 그러므로 중요한 것은, 규칙적으로 그분과 단둘이 있는 시간을 마련하여 그분으로 하여금 내 삶 속에서 그분의 일을 하시도록 하는 것이다. 그분이 나를 통해 얼마나 많이 이루시는가 하는 것은 그분이 내 안에서 얼마나 많이 일하실 수 있는가에 따라 결정된다.

나를 성령님에게 온전히 바치지 않는 날은 하루도 없다. 나는 나 혼자만의 힘으로 무엇을 이루려고 애쓰는 일이 없도록 아주 조심하려고 한다. 내 자신의 힘으로 어떤 것을 행하는 것과 성령님의 능력 안에서 그것을 행하는 것이 어떻게 다른지에 대해 후에 다시 설명하겠다. 내가 어떤 일을 행할 경우, 그것은 내가 하는 것이 아니라 성령님이 나를 통해 하시는 것이다. 이것을 나는 분명히 밝히고 싶다!

나의 회심은 나를 성령님에게로 이끌었고, 성령이 충만
하게 임하심을 통해 그분이 사용하시게 될 능력을 내게 부
어주었다. 회심과 성령충만으로부터 오늘의 이 순간에 이
르기까지, 내 삶의 모든 것은 그분이 이루신 것이다. 날마
다 하나님을 찾는 내 삶에서 가장 중요한 것은 성령님에게
충성하고 복종하는 것이다.

"거룩하신 성령님, 오래 참으시며 제 삶 속에서 일하시는 당신
을 높이며 찬양하나이다."

✔ **묵상 포인트**

1. 당신이 회심을 체험한 날에 무슨 일이 있었는지를 생각해보라.

2. 당신이 성령으로 충만한 것을 어떻게 알 수 있는가?

3. 당신의 삶 속에서 성령님의 영향력이 어떻게 나타났는가?

오직 성령님이
일하신다

그러나 진리의 성령이 오시면 그가 너희를 모든 진리 가운데로 인도하

시리니 그가 스스로 말하지 않고 오직 들은 것을 말하며 장래 일을 너

희에게 알리시리라 요 16:13

성령 안에서의 삶에 대한 내 간증을 좀 더 구체적으로 말
하기 위해서, 나는 성령님이 정말로 내게 무슨 의미인지,
또 그분이 내 삶에 어떤 영향을 주셨는지를 간략하게 살펴
보고 싶다. 성령에 대해 너무 초점을 맞출 때 생길 수 있는
위험성을 모르는 바는 아니다. 또한, 오로지 성령에만 집중
하는 사람들이 진리를 남용하는 위험에 빠져 있다는 것도
모르는 바 아니다. 하지만, 그럼에도 불구하고 나는 이 책

에서 성령님에게 초점을 맞추어 이야기하려고 한다.

내 사역을 이끄시는 성령님

나의 영적 여행은 회심과 더불어 시작되었고, 성령충만을 통해 더욱 힘을 얻었다. 하지만 이것은 시작에 불과했다. 그 후부터 이제까지 나는 하나님과 교제하면서 살아왔다. 그런데 분명히 말하지만, 그것이 완전한 삶은 아니었다. 자신이 완전한 삶을 산다고 주장하는 사람들은 '완전한 삶'에 대한 성경의 교훈을 이해하지 못하는 것으로 보인다.

내 행함이 완전하지 못하기 때문에 나는 언제나 성령님과 그분의 인도와 힘 주심에 의지하려고 노력해 왔다. 물론, 나도 내 힘으로 이런저런 일들을 해보려고 애썼던 적이 있다. 하나님의 일을 하겠다는 열심이 때로는 나를 압도해서 끌고갔다. 그러나 이런 나를 잘 아시는 성령님은 내가 완전히 실패하도록 내버려두셨고, 결국 나는 그분이 왜 내 삶 속에 계셔야 하는지를 깨닫게 되었다.

성령님이 몇 가지 사역의 길을 열어주셔서 나는 길모퉁이에서 전도하는 것부터 교회와 사경회에서 설교하는 것까지 다 해보았다. 그분은 라디오를 통한 사역들, 그리고 글쓰기라는 큰 사역도 내게 열어주셨다. 애당초 내게는 저술가가 되겠다는 의도가 없었지만, 성령님이 자꾸 내 마음에 감동을 주셨기 때문에 결국 나의 저술은 그분이 나를 통해 일하시는 하나의 통로가 되었다.

지금 내가 겸손한 마음으로 간증하고 싶은 것은, 하나님께서 내 상상을 초월하는 방법으로 나의 책《하나님을 갈망하다》(The Pursuit of God)를 사용해 오셨다는 것이다. 이 책을 읽고 큰 도전을 받아 삶이 변화되었다는 사람들이 내게 전화를 하거나 편지를 보내온다. 이 책은 계속 팔리고 있으며, 나는 이 책의 영향력에 놀라게 된다.

그렇다면, 이 책을 내가 썼는가? 그렇지 않다. 나는 타자기를 치는 작업을 한 것이고, 이 책을 쓰신 분은 나를 통해 일하신 성령님이시다! 영광과 찬양은 내가 아닌 그분이 받으셔야 한다.

그렇다! 하나님의 일이란 이런 것이다! 성령님의 명령에 순종하여 사용되기를 기꺼이 원하는 그릇을 보실 때마다 하나님은 그 그릇의 영광을 위해서가 아니라 그분의 영광을 위해 그것을 사용하실 것이다. 나는 하나님께서 내 상상을 벗어난 방법들로 나를 통해 일하시는 것을 봐왔다.

만일 내가 내 인생을 계획했다면, 지금 나는 이 자리에 있지 못할 것이다. 이제까지의 내 사역은 성령님과 한 걸음 한 걸음씩 동행해온 일이다. 사역 가운데 내가 알지도 못했던 문을 그분이 열어주시는 경우가 많았다. 내 계획 속에 전혀 없었던 기회들이 내게 찾아오기도 했다. 반면, 아주 솔직히 말하건대, 그분이 문을 닫아버리신 경우도 몇 번 있다. 당시에는 그 이유를 몰랐지만, 지금 돌이켜 보면 그 이유를 깨닫고 하나님께 감사하게 된다.

이제 나는 성령님이 내 삶 속에서 일하시고, 또 내 안에서 나를 통해 사역을 발전시키신 것에 대해 그분께 영광을 돌리고 싶다. 그 사역이 사람들에게 복을 주었고, 무엇보다도 우리 아버지 하나님께 영광을 돌렸기를 바란다.

내 삶을 돌아볼 때 나 자신에게 "어떻게 하나님께서는 나같이 배움이 짧은 사람을 사용하셨을까?"라고 묻지 않을 수 없다. 나는 8학년을 마치지 못했다. 성경대학이나 신학교를 다니지 않았다. 하나님께서 그분의 영광과 존귀를 위해 사용하려고 택하신 사람들 중 내가 가장 배움이 짧았다. 이런 것을 생각하면서 내가 내린 결론은, 하나님께서는 우리가 누구이고 어떤 사람인지를 보고 우리를 선택하시지 않는다는 것이다. 그분은 자신이 어떤 분인지를 아시기 때문에, 또 우리의 삶을 통해 무엇을 이루실지를 아시기 때문에 우리를 선택하신다!

지난날을 돌이켜 볼 때, 내 배움이나 경험, 또는 그 밖의 어떤 것 때문에 많은 것을 성취했다고는 도저히 말할 수가 없다. 내가 성취한 것은 하나도 없다! 내가 날마다 하나님께 가까이 나아갈 때 그분이 나를 통해 일하시고 그분께 영광이 돌아가도록 하신다고 믿는다. 이 땅을 떠나 예수님과 대면할 때, 비로소 나는 그분이 내 삶을 통해 이루신 모든 것들의 전모를 알게 될 것이다. 내가 지금 눈으로 보고 평가하는 것들이 장차 그분을 직접 뵐 때에는 아무것도 아닌 것으로 드러날 것이다.

그러므로 나는 성령님이 내 사역에 깊은 영향을 끼치셨다고 간증하지 않을 수 없다.

내 예배를 이끄시는 성령님

또한 나는 성령님이 내 예배에 깊은 영향을 주셨다고 말하고 싶다. 내게 가장 즐거운 일은 하나님을 예배하는 것이다. 내가 드리는 예배는 미리 정해 놓은 순서를 따라 진행되는 부자연스럽고 전통적인 의식(儀式)이 아니다. 하나님의 사람들이 함께 모여 교회의 훌륭한 찬송가를 부르고 목소리 높여 찬양하는 중에 드리는 예배는 내가 아주 즐기는 것이다. 나는 그런 예배가 너무 좋다!

더욱이 나는 하나님 앞에 혼자 나아가 얼굴을 바닥에 대고 침묵 가운데 그분의 행하심을 기다리는 것도 아주 좋아한다. 누군가 전에 말했듯이 "기도는 너무 좋은 것이다. 그리고 기도는 항상 말로만 하는 것은 아니다."

내 기도생활의 초기에는 하나님께 구하는 것들을 마치 쇼핑목록을 적는 것처럼 기도수첩에 적곤 했다. 그분은 오래 참아주셨다. 여러 해를 지나감에 따라 내 기도수첩은 점점 얇아졌고, 결국 지금은 그분께 나아갈 때 기도수첩을 사용하지 않는다. 물론, 내가 그분께 바라는 것들이 있기는 하다. 하지만 내가 더욱 바라는 것은 그분이 나의 필요를 채워주시면서 나를 통해 일하시는 것이다.

영적 사역은 하나님 앞에 나아가는 사람으로부터 자연스럽게 흘러나오는 것이라고 나는 믿는다. 그분 앞에 나아가면 사역을 떠맡게 되는데, 그 사역은 '그분 앞'이 아닌 다른 곳에서는 도저히 시작될 수 없는 것이다. 그분 앞에서 얼굴을 바닥에 대고 아무 말도 하지 않을 때, 나는 그분에 대해 많은 것을 배웠다. 사실, 그런 자세를 유지하고 있는 것에 익숙해지는 데에는 어느 정도의 세월이 필요했다.

나는 기도생활을 통해, 그리고 예배에 관한 책들을 통해 많이 배웠다. 그분 앞에 나아갈 때면 다른 모든 것은 제쳐 놓아야 하고, 침묵 가운데 내 마음을 안정시켜야 하며, 성령님이 내 마음을 이끄시는 것에 집중해야 하고, 그분의 임재가 경이(驚異)와 경외의 감정을 내게 충만히 채우도록 해야 한다.

감히 예배에 대한 모든 것을 배웠다고 말할 수는 없지만, 여러 해에 걸쳐 나는 예배에 대해 조금이나마 배웠다. 하나님을 경배하기 위해 그분 앞에 나아갈 때 나는 '복종하는 마음과 생각'만 가지고 나아간다.

나의 경배에 한 가지 중요한 자산은 교회의 찬송가들이다. 나는 찬송가들을 너무 좋아하는 나 자신을 전혀 부끄럽게 여기지 않는다. 나는 날마다 내 찬송가책을 꺼내 옛날 찬송가 부르는 것을 즐긴다. 편하게 부르느라고 음정도 틀리지만, 마음 깊이 하나님을 찬양하며 경배하는 마음으로 부른다.

옛날 찬송가 작가들은 오늘날의 많은 이들이 상상조차 못하는 깊은 관계를 하나님과 맺었다. 그들이 만든 찬송가를 부를 때 나는 그들의 깊은 경배의 세계에 푹 빠지게 되고, 하나님께서 그들의 심령 속에서뿐만 아니라 내 삶 속에서도 최고로 귀한 분이심을 인정하게 된다.

여기서 나는 교회의 역사 속에서 탄생한 훌륭한 옛 찬송가들과 오늘날 만들어지고 있는 일부 기독교 노래들 사이의 차이점을 보게 된다. 물론, 곡이 언제 쓰였는지를 문제 삼는 것은 아니다. 내 관심은 이 놀라우신 하나님을 중심에 계시게 하고 그분 앞으로 나아가도록 도움을 주는 곡이 어떤 곡이냐 하는 데 있다. 어떤 곡이 100년 전에 쓰였는지 아니면 1주일 전에 쓰였는지에 대해서는 전혀 관심 없다.

신비가들의 가치

성령님은 교회가 배출한 옛 신비가(神秘家, mystic)들을 내 삶 속에서 사용해 오셨다. 그들은 내면생활의 대가들이었다. '신비가'라는 단어를 사용할 때마다 내가 어려움에 처할 수 있다는 것을 잘 알지만, 나는 그 어려움을 헤쳐 나갈 수 있다. 나는 쉽게 겁먹는 사람이 아니다. 신비가들의 어떤 글들을 읽을 때 내 주의를 사로잡는 한 가지는 그들이 하나님을 알았다는 사실이다.

물론 그들에게 내가 동의하기 힘든 것들도 많지만, 그래도 그들은 하나님에 대해 알았다. 그들이 그분에 대해 무엇을 알았는가, 어떻게 그분에 대해 그것을 알게 되었는가, 그리고 그것이 내게 어떤 영향을 줄 수 있는가? 나는 이런 것들에 관심이 있다. 그분에 대한 메시지를 전해주는 사람이 누구인지에 대해서는 관심이 없다. 다만 그 사람이 나를 하나님 앞으로 나아가도록 도와준다면, 나는 두 팔 벌려 그를 환영한다.

내가 그들 중 어떤 이들에 대해 언급할 수도 있지만, 굳이 지금 그럴 필요는 없을 것이다. 성령님은 어떤 책들과 저자들과 찬송가들을 내 삶 속으로 끌어들여 사용하셨는데, 그(것)들의 도움으로 나는 하나님이 정말로 어떤 분이신지를 깨달았고, 그분에게 내 삶의 최고 자리를 내어드리는 법을 배웠다. 성령님 안에서 영적으로 뜨거워지는 것이 내 목표다!

나의 태도와 성령님

성령님은 내 태도에도 큰 영향을 주셨다. 사실, 나보다 더 투덜거리고 성마르고 부정적인 사람은 찾을 수 없을 것이다. 희망의 조짐이 보일 때에도 나는 꼭 부정적인 것을 찾아낸다. 아마 당신 주변에서 나만큼 비판적이고 빈정거리는 사람을 보기도 힘들 것이다. 우리 가족이나 친척을 보면, 내가 어떤 사람인지 금방 이해가 갈 것이다. 심술궂은 말씨는 우리 집안 내력이다.

그러나 세월이 흐르는 중에 성령님은 내 태도에 대해 작업을 해 오셨다. 이제 나는 더 이상 나 자신을 방어할 필요가 없을 정도로 변해 있다. 다른 사람들이 내 말의 뜻을 오해하지 않도록 애쓸 필요도 없다. 사사건건 내 판단이 옳아야 할 필요도 없다. 나와 하나님 사이의 관계는 어떤 외적인 것에 기초하지 않는다. '내 안에 계신 그리스도'가 정말로 중요할 뿐이다(골 1:27).

내가 이렇게 되기까지는 성령님이 작업을 하셔야 했다. 내 능력을 최고로 발휘하고, 내 머리를 긍정적인 생각들로 채우고, 앞으로 전진하는 것이 내 힘으로는 되지 않는다. 아주 솔직히 고백하건대, 나는 평생의 대부분을 부정적인 태도로 지내왔다. 내게 성령님이 계시지 않았다면, 지금이 나이에도 나는 고약한 성질에 투덜거리며 분노에 차 있을 것이다.

성령님은 내 태도에 큰 변화들을 일으키셨다. 이제까지 그분이 나와 먼 길을 동행해 오셨지만, 앞으로도 갈 길은 멀다. 죽는 날까지 나는 그분이 내 안에서 이루기 원하시는 일을 이루시도록 날마다 그분께 복종하고 싶다. 나는 그분께 명령하지 않을 것이며, 나를 위해 이런저런 것들을 해 달라고 요구하지도 않을 것이다. 매일의 삶 속에서 내 하루하루를 위한 계획을 그분께 맡기고 굴복하는 것이 내가 원하는 것이다.

성령님의 성실하심

이렇게 하는 것이 쉽지는 않았다. 성령님이 내 삶 속에서 일하심으로 인해 나는 많은 대가를 치러왔다. 하지만 지나온 삶을 돌이켜보면, 하나님이 나를 위해 행하신 모든 것을 기뻐하게 된다. 내가 성령님을 힘들게 해드린 것을 생각하면 마음이 약간 슬퍼진다. 하지만 나는 그분이 다루시기에 벅찬 상대는 아니다. 이 세상 누구도 그분께는 벅

찬 상대가 아니다. 나는 다른 사람들보다 더 선하지도 않고 더 악하지도 않다. 성령님이 나를 다루실 때 다른 모든 이들의 경우보다 더 힘드시지도 않고 더 편하시지도 않다.

성령님을 개인적으로 더 깊이 아는 것이 이제까지 내 삶에 변화를 일으켜 왔다. 그분을 알아가는 일은 지금도 내 삶에서 진행되고 있다. 나는 혼자만 있을 수 있는 곳을 찾아 최대한 성령님과 단둘이 시간을 보내며 교제하고 싶다. 그분이 내게 주기 원하시는 활력과 힘을 내 안에 불어넣으시도록 허락해드리고 싶다. 날마다 그분을 새롭게 체험하고 싶다.

매일의 내 삶은 그분께 복종하기 위해 애쓰는 사람 속에서 일하시는 그분의 성실하심이 나타나는 삶이다. 나의 불완전한 점들은 그분께 문제가 되지 않는다. 완전하신 그분이 그분의 완전한 성품에 따라 일하시기 때문이다.

나는 그분에 대해 말할 때 숨김없이 정직하려고 노력한다. 나는 그 누구에게도 성령론에 대한 내 견해를 독선적인 태도로 말한다는 인상을 주고 싶지 않다. 그분이 내 삶을 변화시키셨다는 걸 모든 이들이 알아주면 좋겠다. 그분에 대한 내 말은 내가 '개인적으로 깊이 아는 분'에 대해 말하는 것이다. 교리가 좋은 것이긴 하지만, 내가 단지 교리를 말하려는 것은 아니다. 이제까지 나는 교리를 넘어서서 성령님과의 교제 속으로 들어가는 신앙생활을 이어왔다. 그분과 교제했다는 것을 증명해주는 것은 바로 내 체험이다.

교리는 성령님이 어떤 분이신지를 설명해준다. 교리의 다음 단계는 그분을 체험하고 그분과 교제하는 것인데, 이런 체험과 교제는 인간의 언어로 설명되지 않는다.

나는 종종 이렇게 말해 왔다.

"당신이 성령님을 이해하고 설명할 수 있다 해도, 그것이 반드시 그분의 일하심을 증명해주는 것은 아닙니다."

그분은 내가 그분께 나아가도록 사랑으로 인도하신다. 그분 앞으로 나를 이끌어주신다. 내가 소화시킬 수 있는 한도 내에서 그분 자신을 내게 알려주기 원하신다. 그분과 함께하는 삶은 얼마나 멋진 삶인가!

"성령님, 당신이 제 삶 속에서 지칠 줄 모르고 일하시니 제가 얼마나 감사하는지요!"

✔ 묵상 포인트

1. 성령님이 당신의 삶에 어떠한 영향을 주셨는지 생각해보라.

2. 당신은 실제적인 삶의 어떤 부분들에서 성령님에게 복종했는가?

3. 성령님과 당신의 관계가 당신의 관점을 어떻게 바꾸어놓았는가?

교회에게
경고하다

네가 악인을 깨우치되 그가 그의 악한 마음과 악한 행위에서 돌이키지

아니하면 그는 그의 죄악 중에서 죽으려니와 너는 네 생명을 보존하리라

겔 3:19

이 중요한 주제를 본격적으로 논하기 전에 나는 내 개인
적인 경고를 먼저 말해야 한다고 생각한다. 내가 원하는
것은 내 눈에 보인 오늘날 교회의 상태에 대해 말하고, 그
다음에 우리를 올바른 방향으로 이끌어 줄 것이라고 생각
되는 제안을 내놓는 것이다.

하나님의 일은 하나님의 사람들을 통한다

하나님은 일을 시작하실 때 언제나 그분의 사람들부터 움직이신다. 이것은 성경이나 교회의 역사에서 반복적으로 나타나는 그분의 행동 패턴이다. 하나님이 그 뜻을 이루시기 위해서는 하나님의 사람들과 하나님 사이가 긴밀히 연결되어 있어야 한다. 하나님은 "내 백성이"(대하 7:14)라고 말씀하셨다. 그분이 행하시는 모든 일의 중심에는 그분의 사람들이 있다.

그러므로 그들은 책임을 지지 않을 수 없다. 자신의 소원과 야망과 프로그램을 가지고 일을 추진하는 우리는 우리를 위한 좋은 계획이 하나님께 있다는 것은 알지 못한다. 구약 시대부터 지금까지 있었던 부흥들에 관해 읽어보면, 사람들이 하나님을 떠났던 곳으로 다시 돌아오는 일이 부흥을 통해 일어났음을 알게 될 것이다! 그분은 언제나 그들이 돌아온 곳에서 다시 시작하신다!

우리가 하나님의 도우심 없이 고집스럽게 일을 추진하면 그분의 승낙 없이 일하는 것이기 때문에 결국 그분의 능력 없이 일하게 된다. 하나님의 도우심은 그분의 기름부음을 의미하는데, 이에 대해서는 앞으로 다시 언급하겠다. 하나님께서 스스로 정하신 원리는 그분의 사람들의 영적 상태를 보시고 그에 따라 일하시는 것이다. 그분은 자신의 원리에 기초하여 일하기를 기뻐하신다. 하나님은 그분께 온전히 굴복하여 그분의 신뢰를 얻은 사람을 찾으신다. 그리고 그때 일을 시작하신다. 그 일의 질(質)은 그 사람의 인간적 능력보다는 그가 하나님께 받은 능력에 의해 결정된다.

하나님은 그분의 속량 받은 사람들을 통해 일하기로 결정하셨다. 그러므로 그분의 사람들은 성령님에 의해 성경에 계시된 하나님의 뜻에 따라야 한다.

이미 시작되었다

나는 우선 준엄한 경고로써 내 이야기를 시작하려고 한다. 오늘날의 복음주의 교회가 큰 도전에 직면해 있다고 말하면, 분별력 있는 사람들에게는 '너무 당연한 이야기'로 들릴 것이다. 나는 그 큰 도전이 무엇인지를 분명히 밝히고, 교회가 위기를 극복하기 위해 나아갈 방향을 가리켜주고 싶다. 이 큰 도전을 알지 못하는 사람들이 교회 안에 너무 많다. 과거 교회의 뚜렷한 특징이었던 거룩한 복이 다시 임하게 하려면, 복음주의자들 중에서 대각성이 다시 일어나야 한다.

복음주의 교회가 성령의 나타나심과 능력 가운데 전진하려면, 그동안의 세월에 걸쳐 교회 위에 켜켜이 쌓여온 견해와 태도를 모두 걷어내야 한다. 많은 이들은 그들의 견해와 태도를 애지중지하고, 어떤 이들은 그것들을 제거하는 데 매우 어려움을 느낀다. 각각의 세대는 영적인 일들에 관한 자기들의 관점이 옳다고 믿으면서, 자기들이 이전 세대들보다 더 잘 안다고 확신한다. 그러나 그렇지 않다! 내 말에 동의하기 힘든 사람들은 교회의 역사를 읽어 보라!

앞으로 나아가기 위해서는 뒤로 돌아가 우리의 영적 뿌리를 다시 발견하여 회복해야 하지만, 그러지 못하는 것이 오늘날 우리의 문제라고 본다. 우리가 우리의 뿌리를 버렸기 때문에 영적 사막에서 무력하게 방랑하고 있다.

이런 것을 잘 알았던 다윗은 "터가 무너지면 의인이 무엇을 하랴"(시 11:3)라고 물었다. 과연, 의인은 무엇을 할 수 있을까? 이 질문의 대답을 성경적 관점에서 찾는 것이 내가 이 책에서 하고 싶은 것이다! 우리가 스스로 무엇을 믿느냐는 중요하지 않다. 우리가 믿는 것이 옳다는 것을 성경에서 확인하고 증명할 수 없다면, 우리의 신념은 무용지물일 뿐이다.

오늘날 우리는 "의인이 무엇을 할 수 있을까?"라고 물어야 한다. 그렇다면, 우선 '의인의 터'가 무엇인지를 알아야 한다. 현대 복음주의 교회에서 이제까지 파괴되어 온 것은 무엇인가? 무엇이 파괴될 위험에 처해 있는가? 이것이 무엇인지를 알아내어 해결하지 못하면, 아주 무서운 시대에 직면할 수밖에 없다. 내가 믿기로는, 불행하게도 이 무서운 시대는 이미 시작되었다.

예언의 기초

내가 예언하는 것이 허용될 수 있는가? 예언을 시도하는 사람은 아주 큰 어려움에 빠지게 된다는 것을 나는 잘 알고 있다. 그러나 여러 해 동안 시대의 흐름이 때로는 이쪽으로, 때로는 저쪽으로 왔다갔다 하는 것을 보면서, 성경을 연구하고 교회의 역사를 읽으며 예언의 문제를 놓고 기도한 다음, 나름대로 결론을 내렸다. 그 결론이 내 예언의 기초가 되었다. 이런 노력은 하나님을 향한 나의 불타는 열정과 예수 그리스도의 교회를 향한 나의 사랑에서 비롯

되었다.

어떤 사람이 나에 대해 무슨 말을 하든지 간에, 그는 내가 내 모든 것을 바쳐 예수 그리스도의 교회를 사랑한다는 것을 인정해야 한다. 교회가 예수 그리스도께 영광을 돌리는 방향으로 전진하도록 교회와 내가 한 마음이 될 수 있다면, 나는 내 모든 것을 쏟아붓고 싶은 심정이다. 기도로써 헤쳐 나가는 것만이 교회가 전진하는 방법이라고 믿는 나는 복음주의 교회가 기도하지 않는 것을 보면 마음이 너무 아프다.

앞으로 한두 세대의 그리스도인들은 자연적 방법으로는 극복할 수 없는 도전에 직면하게 될 것이다. 하나님께서는 역사 속에서 기성 교회에서 어떤 사람들을 선택하시어, 그들이 성경의 권위에 근거하여 새로 시작하도록 인도하셨다.

영적 관점에서 볼 때 전반적인 상황이 다 나빠져 있으므로, 하나님께서 모든 것을 새로 시작하셔야 할 것 같다. 나는 그런 일이 빨리 일어나도록 기도한다.

교회의 역사를 읽어보라. 부흥의 역사를 읽어보라. 그리고, 하나님께서 기존의 모든 것들을 버리시고 전부 새로 시작하셨다는 것에 주목하라. 아마 그분은 이제부터 그와 똑같이 행하실 지도 모른다. 나는 그렇게 하시기를 기도한다.

우리가 성령님에게 정말로 굴복하지 않으면 몇 가지 심각한 문제가 생긴다. 우리는 삶 가운데 성령님의 능력이 임하지 않은 상태로 하나님의 일을 하려고 애쓰는 그리스도인들의 무리로 전락했다. 우리의 신경(信經)들에서는 성령님을 인정하지만, 우리의 일과 삶에서는 그분을 거의 인정하지 않는다.

쇠약해진 우리의 영혼

구약 시대의 이스라엘 민족처럼, 오늘날의 많은 사람들은 자기가 하나님이 원하시는 존재라고 믿는다. 옛 이스라엘처럼, 그들은 자기들에게 불행이 닥치지 않는다고 믿는다. 그들은 이제까지 늘 해왔던 대로 앞으로도 계속 해나갈 마음을 갖고 있다.

구약에서 놀라운 구절 중 하나인 시편 말씀이 오늘날의 그리스도인들에게 꽤 잘 들어맞는 것 같다. 다윗은 이스라엘에 대해 이렇게 썼다.

"그러나 그들은 그가 행하신 일을 곧 잊어버리며 그의 가르침을 기다리지 아니하고 광야에서 욕심을 크게 내며 사막에서 하나님을 시험하였도다 그러므로 여호와께서는 그들이 요구한 것을 그들에게 주셨을지라도 그들의 영혼은 쇠약하게 하셨도다"(시 106:13-15).

이스라엘의 경우에서 볼 수 있듯이, 우리가 원하는 것을 가졌다 해도 그것이 하나님이 우리에게 주기 원하시는 것이 아닐 수도 있다. 내가 볼 때, 이 시편 구절에서 정말 놀라운 부분은 "그들의 영혼은 쇠약하게 하셨도다"라는 말씀이다. 이것이야 말로 오늘날의 많은 복음주의 교회들에게 딱 들어맞는 말씀이 아닌가? 우리는 원하는 모든 것들을 가졌지만, 우리의 영혼 안에는 해결되지 못한 '영혼의 쇠약함'이 있다.

많은 그리스도인들이 자기가 가진 것에 만족하면서, 그것이 하나님께서 주신 것이라고 믿는다. 이런 잘못된 만족이 우리 시대의 복음주의 교회를 망치고 있다. 우리 믿음의 조상들은 영적으로 만족하지 않았다. 거의 만족을 모르는 '하나님을 향한 굶주림'이 그들에게 있었다! '하나님을 향한 목마름'이 그들을 계속 앞으로 밀고 나갔다! 그분이 불어넣어 주신 불만이 그들에게 있었고, 그 불만은 오직 하나님 안에서만 해소될 수 있었다.

만족하는 것이 문제다

오늘날 복음주의 교회의 설교단에서는 만족하라고 가르친다. 모든 설교들과 수많은 책들은 어떤 형편에서든 만족하며 즐거워하라고 강조한다. 구원을 얻었다면 천국으로 가고 있는 것이니 긴장을 풀고 '천국 가는 길'을 즐기라고 가르친다.

그러나 우리 믿음의 조상들은 그렇게 가르치지 않았다. 어떤 옛 성도는 "우리가 그리스도를 위한 교회를 만들지 않고 사람을 위한 교회를 만든 것이 아닌가 걱정됩니다"라고 말했다. 인간은 다른 문이 아닌 바로 예수 그리스도라는 문을 통해서만 참 교회 안으로 들어갈 수 있는데, 그 교회 안에서는 모든 것이 하나님을 위해 존재한다. 회심 때 일어나는 변화는 우리가 그분 앞으로 나아갈 수 있도록 준비시킨다. 그분은 우리의 세계 안으로 들어오시는 것보다는 우리를 그분의 세계 안으로 끌어들이시는 것에 더 관심을 갖고 계신다.

오늘날의 그리스도인들에게 역사를 읽고, 과거의 영광스런 교회에 대해서 읽고, 교회를 승리와 영광으로 이끌었던 남자들과 여자들에 대해서 읽으라고 말하는 것이 그들에게 약간 부담을 주는 것임을 나는 잘 안다. 하지만 그럼에도 불구하고 우리는 우리의 과거에 대해 읽고 알아야 한다. 우리의 과거를 알지 못하면 우리의 미래를 온전히 알 수 없게 된다. 하나님은 과거에 행하신 것을 오늘날 우리를 위해 행하실 것이다. "예수 그리스도는 어제나 오늘이나 영원토록 동일하시니라"(히 13:8)라는 말씀이 있지 않은가? 그분이 이미 행하신 것을 내가 모른다면, 그분이 오늘날 나를 위해 행하실 것을 어떻게 믿을 수 있겠는가?

우리는 우리가 어디에서 왔는지 알아야 하고, 우리의 유산을 알아야 하고, 사도 시대로부터 우리에게까지 전해져 내려온 메시지를 알아야 한다. 그 메시지는 변하지 않았다.

선지자가 할 일은 영적 축사(畜舍)를 마구 흔들어 잠자는 그리스도인들을 깨우고 "지금 큰일 났습니다!"라고 소리치는 것이다. 그러나 우리는 아무 부족함이 없다고 느끼는 지경에 이르렀다. 우리는 현재 있는 곳에 만족하고, 현재 가진 것에 만족하며, 미래에 대해 아무 기대감이 없다. 그러므로 심각하고 중대한 위험이 현재 세대와 다음 세대의 그리스도인들을 기다리고 있다.

성령님의 일은 숫자와 아무 관계 없다

그리스도인들의 마음이 쇠약해진 현상은 어디에서나 볼 수 있다. 사람들은 그들이 가진 것에 만족하고, 많은 목사들은 숫자에 만족한다. 우리의 관심은 얼마나 많은 사람이 교회에 출석하고 얼마나 많은 헌금이 들어오느냐에 온통 쏠려 있다. 우리는 '숫자 숭배'에 빠져 있다!

그러나 구약성경은 하나님께서 숫자와 전혀 상관없이 일하신 이야기들로 가득 차 있다. 기드온의 300명이 좋은 예다(삿 7:7,8). 하나님은 얼마든지 우리 힘의 한계를 초월하여 일하실 수 있다. 그분은 그분의 성품과 본성과 능력에 따라 일하신다. 우리의 한계 안에서만 일하시는 하나님을 보려는 사람은 그분의 일하심을 결코 보지 못할 것이다.

존 웨슬리, 마르틴 루터, 데이빗 리빙스턴, A. B. 심슨(A. B. Simpson, 1843~1919. 미국의 저명한 복음전도자) 같은 사람들처럼 일하려면 그 방법을 알아야 한다. 그들이 행한 것을 모방한다고 해서 그들처럼 일할 수 있는 것은 아니다. 분명히 우리는 그들과 다른 시대에 살고 있다. 그들 또는 그들 같은 사람들이 이룬 것은 그들의 시대를 위한 것이었다. 우리는 그들의 일을 흉내 낼 필요가 없다. 우리에게 필요한 분은 그들의 길에서 그들에게 동기를 불어넣으시고 그들을 인도하셨던 성령님이시다!

내가 마르틴 루터처럼 종교개혁을 시작할 수는 없지만, 그를 종교개혁으로 몰아가신 성령님을 내 안에 모실 수는 있다. 성령님은 오늘날 우리 가운데 모셔야 할 분이다.

현재 우리를 사로잡고 있는 '숫자와 방법과 프로그램의 숭배'는 완전히 쓸데없는 짓이다. 우리의 숫자는 늘었지만, 우리 가운데 성령님이 계시는가? 우리의 봉사활동에 그분의 기름부음의 능력이 있는가?

우리는 외형적인 것들을 모방할 뿐이다. 우리는 성령님을 따라하는 모방자의 세대가 되어야 한다. 그렇게 되려면, 외적인 흉내로는 안 되고 우리의 내면이 그분께 복종해야 한다.

물론, 교육을 받을 수 있다면 최대한 받아라. 하지만 본질적으로 말해서, 그리스도의 큰 뜻을 이루기 위한 작은 부분이라도 이루어내는 것은 '당신이 받은 교육'이 아니다. 성취하시는 분은 당신 안에서 당신을 통해 일하시는 성령님이시다! 그분이 나를 제한 없이 사용하시기 위해 필요한 것은 자원하는 마음이다.

이 세대를 위해 내가 감당해야 할 어려운 일은 종교적 게임을 그만두고, 예수 그리스도의 교회가 진정 무엇인지를 우리의 조상들처럼 철저히 고민하는 것이다. 위로부터 내려오는 영적 능력이 아닌 것에 안주하지 말라. 즉, 성령님의 강력한 능력이 우리의 삶 속에 임하여 우리를 움직여 그분의 뜻을 이루는 것이 아니라면 만족하지 말라.

예수님은 신약성경을 통해 하나님께서 숫자에 관심이 없으시다는 것을 가르치신다. 야고보는 "의인의 간구는 역사하는 힘이 큼이니라"(약 5:16)라고 썼다. 중요한 것은 하나님이 우리 편이 되어 주셔서 우리가 승리하는 것이다! 다른 무엇이 필요하겠는가? 그분은 그분의 성품이나 본성에 어긋나게 행하면서까지 누구를 보호하거나 어떤 상황을 헤쳐 나가는 분이 아니시다. 이것을 명심하라!

하나님을 향한 굶주림이 있는가

우리가 이 시대에서 하나님께 복을 받아 쓰임 받는 교회가 되려면, 성령충만하여 하나님의 영의 빛을 주변 세상에 밝게 비추어야 한다.

하나님께서 다시 일하기 시작하실 것이다. 나는 그렇게

확신한다. 그분의 일하심에 대해 역사(歷史)가 거듭 선포하기에 나는 그분이 다시 일하실 것이라고 믿는다. 문제는 극소수의 사람만이 그들의 삶 속에서 일하실 하나님을 모실 준비가 되어 있다는 것이다!

하나님은 현재 고인 물처럼 가만히 있는 복음주의 교회들에게 눈길을 주지 않으실 것이다. 그들은 원하는 것을 이미 얻었고, 그들이 가진 것으로 만족하기 때문에 그들의 '프로그램'이라는 것들에는 성령님이 일하실 만한 공간이 남아 있지 않다.

하나님은 온 세상을 둘러보시고 여기에서 한 사람, 저기에서 한 사람을 선택하여 일하시겠지만, 자기가 가진 것에 만족하는 사람들은 그냥 내버려 두실 것이다. 나는 다른 무엇으로는 도저히 채울 수 없을 정도로 하나님의 일들에 굶주려 있어 현재 상태에 만족하지 못하는 사람들 중 하나가 되기를 간절히 소원하고 있다.

현재의 교회에서는 진정한 하나님의 일이 시작될 수 있을 것 같지 않다. 교단 차원에서는 더욱 더 그렇다. 하나님을 향한 굶주림과 목마름 때문에 세상의 이런저런 것들에 관심을 끊고 오직 "믿음의 주요 또 온전하게 하시는 이인

예수를"(히 12:2) 바라보는 사람을 통해서만 그분의 일이 시
작될 것이다.

"성령님, 제가 이 세상의 다른 무엇보다 당신을 가장 원하는 사
람들 중 하나가 되게 하소서."

✅ 묵상 포인트

1. 지금 하나님과 당신 사이의 관계는 어떤 상태인가?

2. 하나님을 따르기 위해 당신이 포기할 수 있는 것은 무엇인가?

3. 당신은 다른 무엇보다 하나님을 가장 원하는 사람들 중 하나로 인
   정받을 수 있는가?

성령님의
터 위에 서라

터가 무너지면 의인이 무엇을 하랴 시 11:3

오늘날의 교회는 진정으로 큰 도전에 직면해 있다. 이 도전을 이기고 승리하려면 우리의 터(기초)를 재점검해야 한다. 우리의 터는 무엇인가?

우리가 무엇을 할 수 있는지를 알기 위해서는 우리의 터가 진정 무엇인지를 알아야 한다. 터를 알아야 그 위에 집을 지을 수 있다. 기초가 무엇인지 알지도 못하고, 그 위에 집을 짓지도 않는다면 완전한 실패로 끝날 것이다.

나는 우리를 위한 놀라운 기초를 소개하고 싶다. 이런 소개가 처음은 아니지만, 마치 처음인 것처럼 소개하고 싶다. 이 놀라운 기초는 삼위일체의 제3위이신 거룩하신 성령님이시다! 이 책 전체에 걸쳐 나는 '홀리 스피릿'(Holy Spirit, 성령), '홀리 고스트'(Holy Ghost, 성령) 그리고 '스피릿 오브 갓'(Spirit of God, 하나님의 영)이라는 단어를 사용할 것인데, 이 세 단어는 모두 완전히 동일한 의미로 사용된다.

성령님의 위격(位格, person)에 대해, 성령님이 삼위일체의 다른 두 위격과 어떤 관계를 맺고 있는가에 대해, 성령님이 성경에서 어떻게 제시되고 있는가에 대해, 그리고 성령님이 오늘까지 내 삶에 어떤 영향을 끼치셨는가에 대해 소홀히 하면 우리가 위험에 빠질 수 있다.

삼위일체에 대해 생각할 때 우리는 삼위일체의 세 위격이 모든 점에서 똑같으시다는 것을 알아야 한다. 세 위격이 성경에서 다른 방식들로 나타나실지라도 사실상 세 위격 사이에는 아무 차이가 없다. 한 위격에 해당되는 것들은 다른 두 위격 모두에 해당된다. 그러므로 지금 나는 "내가 여기서 성령님에 대해서 언급하는 것은 삼위 중에서 성령님을 일종의 표본으로 뽑아서 언급하는 것인데, 이렇게 하는 이유는 성령님의 사역을 제시하기 위함이다"라고 분명히 밝혀둔다. 복음주의 교회는 삼위일체의 제3위를 부인하지 않는다. 그분은 우리의 신경들에 나오신다. 그리고 우리는 그분의 존재를 믿는다. 삼위일체를 믿지 않는 사람은 복음주의 그리스도인이라고 할 수 없다.

진정한 우리의 터

'우리가 무엇을 믿는가'에 대한 의문을 제기하려는 것은 아니다. 우리의 교회와 삶과 사역에서 성령님이 어떤 위치에 계신지를 논하려는 것이다. 그분에게 맞는 위치는 어디인가? 진정으로 그분이 우리의 삶과 사역의 기초이신가? 아니면 슬프게도 우리는 그분을 밀어내고, 비교할 수 없을 정도로 그분보다 열등한 그 무엇을 그분의 자리에 갖다 놓았는가?

우리는 성령님에 대해 신학적으로는 알지만 그분의 일하심에 대해서는 거의 모른다. 이제까지 내가 주의를 기울여 노력해 온 것은 "우리는 우리의 신학의 기초 위에서 성령님을 체험해야 한다. 그분은 우리의 일상생활 속에 계신 인격체이시다"라고 알리는 것이었다.

내가 이미 언급했듯이, 하나님에 대해서 믿는 것과 하나님을 믿는 것은 전혀 다르다. 마찬가지로, 성령님에 대해서 믿는 것과 성령님의 실재(實在)를 개인적 체험을 통해 믿는 것은 전혀 다르다. 그런데 개인적 성령 체험뿐만 아니라 개교회(個敎會) 차원의 성령 체험도 있어야 한다. 어떤 부분에서 성령님이 개교회와 조화를 이루실 수 있을까?

우리가 우리도 모르는 사이에 성령님의 자리에 다른 것을 갖다놓는 일이 일어날 수 있는가? 그분의 지위와 권능을 대신하는 어떤 것을 오늘날의 교회가 사용하고 있지는 않은가?

여러 경우들에서 현재 교회는 사교클럽처럼 보인다. 사람들이 교회로 몰려와서 즐겁게 놀고, 함께 어떤 일을 한 다음 집으로 돌아가면 그 삶도 평소의 생활로 돌아가고 만다. 그런데 우리가 월요일부터 토요일까지 행하는 것이 주일 아침에 교회에서 행하는 것과 완전히 다르다면, 주일 아침에 행하는 것은 위선이 될 것이다. 오늘의 우리와 내일의 우리가 다르다면, 참으로 문제다!

내가 내 삶과 사역을 성령님의 터 위에 세운다면, 내 모든 것들에서 그분의 특징들이 나타날 것이다. 그런데 성령님에게서 그토록 뚜렷이 나타나는 거룩한 특징들을 오늘날의 교회에서 찾아볼 수 있는가?

교회 안으로 들어온 세상

복음주의 교회가 성령님과 완전히 충돌하는 세상의 것들을 교회 안으로 끌어들이는 것을 볼 때 나는 매우 심란하다. 세상의 최신 유행은 어김없이 이내 교회 안으로 들어오고 만다. 십자가의 고난을 당하신 우리 주님이 현재의 교회 안으로 들어온 천박함을 어떻게 생각하실까?

우리는 우리가 행하는 것을 정당화하기 위해 세상을 쳐다본다. 이런 말을 하는 내가 까다롭게 느껴지겠지만, 그래도 할 말은 해야겠다. 우리가 행하는 것이 세상을 닮았다면, 그것은 교회와 맞지 않는 것이므로 교회에서 추방되어야 한다. 세상적 태도와 목표들을 교회 공동체 안으로 받아들이면 예수 그리스도의 교회라고 불릴 수 없다.

물론 사람들을 불러 모아 교회를 채워야 한다는 부담감이 있다는 걸 나는 잘 안다. 우리는 스포츠 경기장과 콘서트홀과 극장을 어떻게 채우는지 배우기 위해 세상을 쳐다보면서, 세상의 방법들을 이용해 우리의 목표를 이루려고 한다. 그러나 교회와 세상이 섞여서는 안 된다.

교인들로 하여금 세상의 방법들을 사용하게 만든다면, 교인들을 교회에 붙들어 두기 위해서도 세상의 방법들을 계속 사용해야 할 것이다. 세상의 최신 방법을 사용하는 교회에 사람들이 많이 몰리고 있는 것이 현재의 실정이다. 우리는 이 세대의 그리스도인들이 그리스도를 따르지 않고 세상의 방법들을 따르도록 훈련시켰다. 사람들이 교회에 오는 것은 교회에서 그리스도가 영광을 받으시기 때문이 아니라, 교회에 오면 재미있는 것들이 있고 행복감을 느끼기 때문이다.

지금의 이 세대는 연예오락에 중독되어 있고, 이 영적 바이러스는 교회 안에까지 슬며들었다. 사람들을 교회로 오게 하는 유일한 방법도 재미있게 해주는 것이고, 그들이 교회를 떠나지 않도록 붙들어두는 유일한 방법도 가장 인기 있는 최신 연예오락으로 즐겁게 해주는 것이다.

그러나 세상의 방법들을 사용해서는 하나님의 목표들을 성취할 수 없다는 것을 알아야 한다. 우리는 완전히, 결정적으로 세상에 등을 돌려야 한다. 우리는 세상에 속한 자들이 아니므로, 세상을 떠나 주 예수 그리스도에게 집중해야 한다. 성령님은 언제나 그리스도에게 초점을 맞추신다. 그리스도에게 집중하지 않는 것은 성령님의 일하심이 아니다.

성령님의 일은 그리스도에게 초점을 맞추는 것이다. 성령님은 그분의 거룩한 본성과 성품에 어긋나는 세상의 방법들을 사용하실 수 없다. 성령님은 완전한 하나님이시다. 하나님은 어떤 이유에서든, 그 누구를 위해서든 그분의 본성과 성품을 훼손하지 않으신다. 이 성령님을 더욱 많이 알게 될수록, 나는 그분이 내 삶과 개교회의 삶에서 행하기를 원하시지 않는 것이 무엇인지를 더욱 분명히 깨닫게 된다.

과거와는 달리, 성령님이 개교회들을 강압적으로 이끌어나가시는 것은 아니기 때문에 우리는 다른 방법들을 통해 우리의 문제들을 풀어나가려고 애쓰게 된다. 그러나 우리는 그분이 그분의 기쁘신 뜻에 따라 우리 가운데서 행하시도록 그분께 온전히 복종하는 방법들을 찾아야 한다. 성령님이 교회를 떠나신다 해도 어떤 교회들은 석 달 동안 그 사실을 전혀 느끼지 못할 정도로 하나님의 손에서 완전히 벗어나 있다고 나는 생각한다.

여기서 분명히 밝혀두지만, 나는 성령님이 교회를 완전히 떠나시는 일은 일어나지 않는다고 믿는다. 그러나 구주께서 배의 뒤쪽에서 주무시고 계셨듯이 성령님도 주무시면서 자신을 나타내지 않으실 수 있기 때문에 우리가 몇 년 동안이라도 그분 없이 지내는 일이 벌어질 수 있다. 이런 끔찍한 일이 오늘날의 교회에서 실제로 일어나고 있다! 우리의 복음주의 지도자들은 오직 성령님만이 채우실 수 있는 공백을 메우려고 안간힘을 쓰고 있다.

성령님은 어떤 분이신가?

성령님에 대해서는 많은 이야기를 할 수 있겠지만, 내가 볼 때 가장 중요한 것은 그분이 어떤 분이신가 하는 것이다.

성령님은 하나의 인격적 존재이시다. 예수님은 그분에 대해 이렇게 말씀하셨다.

"보혜사 곧 아버지께서 내 이름으로 보내실 성령 그가 너희에게 모든 것을 가르치고 내가 너희에게 말한 모든 것을 생각나게 하리라"(요 14:26).

성령님은 인격적 존재이시기 때문에 인격체가 가질 수 있는 모든 속성들을 갖고 계신다. 그분은 느끼실 수 있다. 그분은 사랑하실 수 있다. 그분은 미워하실 수 있다. 그분은 슬퍼하실 수 있다. 인격체에게서 나타날 수 있는 모든 것들이 그분에게서 발견된다. 그분이 인격적 존재이시기 때문에 우리는 다른 사람과 친해지듯이 그분과도 친해질 수 있다.

성령님이 인격체이심을 이해하기 시작할 때, 다른 방법으로는 불가능한 그분과의 교제가 시작될 수 있다. 그분이 인격적 존재이심을 모른다면 어떻게 내가 그분과 친밀한 관계를 맺을 수 있겠는가? 내 논리는 지극히 간단하다!

사람들은 그분의 인격성을 인정하지만, 거기서 끝나고 만다. 즉, 인격체이신 그분과 친해지는 다음 단계로 들어가지는 않는다. 그러나 우리와 그분 사이에는 친근함이 새록새록 생겨야 한다. 두 인격체가 서로를 자꾸 겪어보아야 한다. 성령님이라는 인격적 존재와 '나'라는 인격적 존재가 만나서 교제를 나누어야 한다.

세상에서 가장 중요한 것은 거룩하신 성령님이 이제 우리 중에, 우리 안에 계시다는 것이다. 몸을 가지신 예수님은 전능자 성부 하나님의 우편에서 우리를 위해 중보하신다. 그분은 이 땅에 다시 오실 때까지는 거기에 계실 것이다. 그분의 재림 때까지 우리와 함께 계실 성령님에 대해 예수님은 "내가 아버지께 구하겠으니 그가 또 다른 보혜사를 너희에게 주사 영원토록 너희와 함께 있게 하리니"(요

14:16)라고 말씀하셨다. 그렇다! 이 성령님은 그리스도의 대리자이시다. 성령님은 과거의 그리스도, 현재의 그리스도, 그리고 미래의 그리스도와 모든 면에서 동일한 분이시다.

성령님에게는 인격성, 개체성, 지성(知性), 사랑, 그리고 기억이 있다. 성령님은 당신과 의사소통하실 수 있고, 당신을 사랑하실 수 있다. 당신이 그분의 말씀에 귀를 기울이기를 거부하거나 그분을 못 본 체하면, 그분은 슬퍼하며 차가워지신다.

우리가 성령님을 체험적으로 알지 못하기 때문에 그분이 슬퍼하고 계신 것이 아닌가 하는 걱정이 생긴다. 그분은 사랑을 할 수 있는 분이시므로 또한 슬퍼하실 수도 있다. 내가 볼 때, 오늘날의 복음주의 교회는 그분을 슬프게 한다. 우리가 그분을 인격적 존재로 알지 못하기 때문에 그분은 슬퍼하신다.

물론 우리는 교리적으로는 그분을 안다. 성경을 인용하고 그 성경을 우리에게 설명해줄 수 있는 사람은 많다. 그러나 성령님에 대해 아는 것과 그분을 개인적 관계에서 친밀히 아는 것은 전혀 다르다. 여기에 오늘날 우리의 문제가 있다. 우리는 이 믿음의 순례길을 갈 때 그분을 최고의 친구로 모실 정도로 그분을 알아야 한다.

성령님을 교회 안에 다시 모셔라

우리는 기도와 순종과 죄의 고백을 통해 하나님의 성령을 교회 안에 다시 모셔야 하는데, 그분이 주도권을 가지실 때까지 그렇게 해야 한다. 그분이 통제하시면, 생명과 빛과 권능과 승리와 기쁨과 열매가 있을 것이고, 그렇게 되면 우리는 전에는 불가능할 것이라고 여겼던 새로운 수준에서 살아가게 될 것이다.

교회가 행하고 있는 것이 성령님의 반석 같은 기초 위에서 있는 것인지를 확인하기 위해 정기적으로 자신을 살펴야 할 의무가 각 교회들에게 있다. 그러나 현재 교회들은 성경이 종종 경고하는 '표류 상태'에서 못 벗어나는 경향을 보인다. 우리는 자신이 성령님의 반석 같은 기초 위에 늘 서 있도록 조심해야 한다. 만일 내 삶과 사역이 그분의 반석 위에 세워져 있지 않다면, 나는 하나님께 기쁨과 영광을 드리는 일을 하고 있는 것이 아니다.

성령님이 오순절 날에 강림하셨을 때 그분의 첫 번째 목적은 예수 그리스도를 높이는 것이었다. 이 점에 대해서는 앞으로 더 자세히 언급하겠지만, 우선 짧게나마 얘기해 보자. 성령님이 어떤 사람의 삶에 계신지 그렇지 않은지를 판단하는 기준은 '그 사람의 삶에서 예수 그리스도가 영광을 받으시는가?' 하는 것이다. 성령님이 개교회 안에 계신지 그렇지 않은지를 판단하는 기준은 '그 교회에서 예수 그리스도가 영광을 받으시는가?' 하는 것이다. 그리스도께 영광이 돌아가고 있지 않다면 성령님은 슬퍼하시며 그 사람이나 교회에서 그분의 영향력을 행하지 않으신다. 세상적인 것들이 교회 안에서 편하게 느껴진다면, 그 이유는 그리스도께서 영광을 받지 못하시기 때문이다. 그리고 그리스도께서 영광을 받지 못하신다는 것은 성령님의 일이 방해받고 있음을 의미한다.

그러므로 성령님의 터 위에 계속 머물면서 그분의 지시대로 살아가는 것이 우리의 목표가 되어야 한다.

"성령님, 당신에게 귀를 기울이지 않고 당신을 못 본 체하는 순간이 제게 있음을 고백합니다. 저를 용서하소서. 제 삶의 중심이 되어주소서."

✅ 묵상 포인트

1. 성령님의 터가 당신의 매일의 삶에 어떻게 영향을 미쳤는가?

2. 당신이 성령님의 터 위에 서 있음을 확인할 수 있는 방법은 무엇인가?

3. 당신의 삶 속에 성령님이 계심을 보여주는 증거가 무엇인지를 깊이 묵상해보라.

세 가지
기초

한 사람이면 패하겠거니와 두 사람이면 맞설 수 있나니 세 겹 줄은 쉽

게 끊어지지 아니하느니라 전 4:12

하나님이 우리에게 알려주기 원하시는 성령님을 잘 설
명해주는 아주 좋은 비유가 있다. '세 겹 줄'의 비유다. 성
령님을 이해하려면, 역사 속에서 교회가 그분에 대해 말한
것들을 제대로 알아야 한다. 그중 어떤 것에 대해서도 하
나님은 오순절 이후 이제까지 그분의 생각을 바꾸지 않으
셨다.

나는 이 '세 겹 줄'에 대해 집중적으로 말하고 싶다. 그
'세 겹 줄'은 성경 말씀, 교회의 신경들 그리고 교회의 찬송

가들이다. 이 세 가지는 이단으로부터 교회를 지켜준다. 이 셋은 성령의 교리에 대해 일치된 견해를 보인다. 교회가 처음부터 믿어 온 것을 어떤 면에서든 뒤집어버릴 수 있는 변화는 이제까지 일어나지 않았다.

성경 말씀

'세 겹 줄' 중 첫 번째는 성경이다. 성경은 언제나 우리의 출발점이 되어야 한다. 성경 위에 세워지지 않은 것은 설 수 없으며, 하나님에게서 온 것도 아니다. 성경 말씀에 조금이라도 어긋나는 것이나 조화되지 못하는 것이 우리의 신경이나 찬송가에 있다면 단호히 거부해야 한다. 성경 말씀과 신경과 찬송가가 '세 겹 줄'을 이루면 결코 끊어지지 않는다.

내가 주의 영을 떠나 어디로 가며 주의 앞에서 어디로 피하리이까

시 139:7

이 말씀은 하나님의 무소부재를 말해준다. 마귀는 무소부재한 존재가 아니다. 무소부재의 능력이 있다고 주장할

수 있는 분은 오직 하나님뿐이신데, 바로 이 시편 구절이 성령님의 무소부재를 인정한다.

> 그의 입김으로 하늘을 맑게 하시고 손으로 날렵한 뱀을 무찌르시나니
>
> 욥 26:13

이 구절에 따르면, 성령을 주신 전능자의 입김(영)은 창조자이시다. "지극히 존귀하며 영원히 거하시며 거룩하다 이름하는 이가 이와 같이 말씀하시되"(사 57:15)라는 구절에서 알 수 있듯이 그분은 명령을 내리시는데, 명령을 내릴 수 있는 분은 오직 하나님이시다.

> 주 예수 그리스도의 은혜와 하나님의 사랑과 성령의 교통하심이 너희 무리와 함께 있을지어다 고후 13:13

> 주는 영이시니 주의 영이 계신 곳에는 자유가 있느니라 고후 3:17

이 구절들은 성령님에 대하여, 또 삼위일체 안에서의 성령님의 위치에 대하여 말하는 성경구절 중 몇 개를 뽑은

것에 불과하다. 성경이 삼위일체의 제3위에 대해 무엇을 말하고 가르치는지를 알기 위해 성경을 찾아보면, 지극히 큰 유익을 얻을 것이다. 이런 연구보다 날마다의 삶에 더 유익을 주는 것이 또 있겠는가?

교회의 신경들

오늘날 대부분의 그리스도인들은 종교 소설을 읽느라 너무 바빠서 교부들이 쓴 신경들을 읽을 시간을 못 내고 있다. 하지만 나는 정기적으로 시간을 내서 신경들을 읽어 보도록 권한다. 나는 신경들에서 성령님에 관한 부분들을 발췌하여 소개하고 싶다.

신경들은 성령님에 대해 무엇이라고 말하는가? 이것을 알면 초대교회가 성령님을 어떤 분이시라고 믿었는지를 알게 된다. 그분은 변하지 않으셨다. 이 신경들은 성경의 가르침을 교부들이 세상에 널리 선언한 것이다.

우리는 생명을 주시는 분이시요 주님이신 성령님을 믿는다.

성령님은 성부(와 성자)로부터 나오시며,

성부와 성자와 함께 경배와 영광을 받으시며,

선지자들을 통해 말씀하셨다.

_ 니케아 신경(주후 392년)

장차 구원받게 될 사람이라면 누구나 다른 무엇보다도 보편적 신앙(즉, 기독교 신앙)을 붙들어야 한다. 이 보편적 신앙을 온전히 순수하게 붙들지 않는다면, 누구나 틀림없이 영원히 멸망할 것이다. "우리는 삼위(三位)로 존재하는 한 하나님을, 일체(一體)로 존재하는 삼위를 경배한다. 우리는 삼위를 혼동하지 않으며, 하나님의 본질을 분할하지 않는다"라는 우리의 보편적 신앙이다. 성부 한 분이 계시고, 성자 한 분이 계시고, 성령 한 분이 계시다. 그러면서도 성부의 신성(神性)과 성자의 신성과 성령의 신성은 모두 동일하다. 삼위의 영광은 동일하고, 삼위의 위엄도 영원히 공존한다. 성부가 어떠하시면, 성자도 똑같이 그러하시고, 성령도 똑같이 그러하시다. 성부와 성자와 성령은 모두 창조된 분이 아니시다. 성부도 무한하시고, 성자도 무한하시고, 성령도 무한하시다. 성부도 영원하시고, 성자도 영원하시고, 성령도 영원하시다. 그러나 영원한 분이 세 분이 아니라 한 분이시다. 또한 창조되지 않은 분이 세 분이 아니시고 무한한 분이 세

분이 아니시므로, 창조되지 않은 분은 한 분이시고, 무한한
분도 한 분이시다. 마찬가지로, 성부도 전능하시고, 성자도
전능하시고, 성령도 전능하시지만, 전능한 분이 세 분이 아
니라 한 분이시다. 그러므로 성부도 하나님이시고, 성자도
하나님이시고, 성령도 하나님이시다. 하지만 그럼에도 불구
하고 세 분의 하나님들이 계신 것이 아니라 한 분의 하나님
이 계시다. 그러므로 또한 성부도 주님이시고 성자도 주님
이시고 성령도 주님이시다. 그렇지만 세 분의 주님들이 계
신 것이 아니라 한 분의 주님이 계시다. 기독교의 진리에 따
라 우리가 "삼위의 한 분 한 분이 하나님이시요 주님이시다"
라고 인정해야 하지만, 보편적 신앙은 우리가 "하나님이 세
분이 계시고 주님이 세 분 계시다"라고 말하는 것을 금한다.
아버지는 그 무엇으로부터도 만들어지거나 창조되거나 태
어난 분이 아니시다. 아들의 기원은 오직 아버지이시지만,
아들은 만들어지거나 창조되지 않으셨고 다만 태어나셨다.
성령의 기원은 아버지와 아들이지만, 성령은 만들어지거나
창조되거나 태어나지 않으셨고 다만 나오셨다(proceed). 그
러므로 아버지가 세 분이 아니라 한 분이시고, 아들이 세 분
이 아니라 한 분이시고, 성령이 세 분이 아니라 한 분이시

다. 삼위 중에서 어떤 분이 다른 분보다 앞서거나 뒤에 계시지 않으며, 어떤 분이 다른 분보다 크거나 작지 않으시다. 성부와 성자와 성령의 삼위는 모두 영원하시며, 모두 동등하시다. 그러므로 앞에서 말했듯이 삼위로 존재하는 일체가, 일체로 존재하는 삼위가 만유 안에서 경배를 받으셔야 한다. 구원받게 될 사람들은 바로 그런 삼위일체를 믿어야 한다.

_ 아타나시우스 신경

나는 성령을 믿고, 거룩한 공교회를 믿고, 성도의 교제를 믿고, 죄 사함을 믿고, 몸의 부활을 믿고, 영생을 믿습니다. 아멘.

_ 사도신경(주후 390년)

당신이 이 신경들을 읽고 어떻게 느꼈는지 내가 확실히 알 수는 없겠지만, 이것들을 읽는 것이 내 영혼에게는 정찬(正餐)과 같다. 이 신경들은 장구한 세월에 걸쳐 전해져 내려온 것이며, 우리 믿음의 조상들이 믿었던 것이다. 우리의 그리스도인 조상들이 모여서 이 진리를 선포했을 때 그들 중 어떤 이들은 혀가 뽑히거나, 귀가 불태워지거나,

팔이 잘리거나, 다리를 잃어버렸다. 그 이유는 단 한 가지였다. 예수님이 성부 하나님으로부터 오신 영광의 주님이시라고 외쳤기 때문이다!

그들은 죽임 당하지는 않았지만, 그 이후의 삶을 너무나 고통스럽게 살아야 했던 '살아 있는 순교자들'이었다. 그들은 진리를 아는 학자요, 하나님의 성도였다. 그들은 이 땅에 와서 신경들을 작성하고, 이후 세대들을 위해 그것들을 우리와 세상에 물려주었다. 나는 그들 때문에 무릎을 꿇고 하나님께 감사드린다.

찬송가들

교회의 찬송가들도 '세 겹 줄' 중 한 줄이다. 찬송가들에 대해서는 어디부터 어디까지 언급해야 할지 잘 모르겠으므로, 내가 좋아하는 찬송가 몇 개를 언급하겠다.

- 〈하나님의 영이시여, 제 마음에 내려오소서〉, 조지 크롤리 (1780~1860)
- 〈성령의 은사를〉, 에드윈 해치(1835~1889)
- 〈성령님, 천상의 비둘기시여!〉, 아이작 왓츠(1674~1748)

- 〈영화로신 주 성령〉, 앤드류 리드(1787~1862)

- 〈자비로운 영, 성령이시여!〉, 크리스토퍼 워즈워스(1807~1885)

- 〈진실하신 주 성령〉, 마르쿠스 M. 웰스(1815~1895)

- 〈오소서, 일곱 영이시여!〉, 앨버트 B. 심슨(1843~1919)

오, 보혜사, 온화하고 다정한 분이시여!

오, 거룩한 천상의 비둘기시여!

당신께 복종하여 우리의 마음을 드립니다.

당신의 충만하심을 나타내려고 기다립니다.

바다에 부는 바람처럼 강하게 임하시든지,

아침의 산들바람처럼 부드럽게 임하시어,

동요하는 우리의 영을 가라앉혀 주시고,

외롭고 힘든 마음에 활력을 주소서.

오, 마음속 구석구석을 파고드는 불로 임하시고,

오, 죄를 씻는 큰물로 찾아오시어,

거룩한 소원으로 우리를 태우시고,

하나님의 충만하심으로 충만케 하소서.

기쁨과 치유의 기름을 부으시고,

위로부터 임하는 능력의 세례를 베푸시고,

오, 채우심과 인 치심으로 임하소서.

당신 발 앞에서 엎드려 있습니다.

(후렴)

기다립니다. 기다립니다.

당신을 기다립니다. 오, 천상의 비둘기시여!

당신께 복종하여 우리의 마음을 드립니다.

당신의 충만하심을 나타내려고 기다립니다.

_ 〈오, 보혜사, 온화하고 다정한 분이시여!〉, 앨버트 B. 심슨

　우리는 어디에서 멈추어야 할까? 이 찬송가들을 묵상하면, 교회가 여러 세기에 걸쳐 무엇을 믿어 왔는지를 알게될 것이다. 많은 교회들이 더 이상 찬송가들을 부르지 않고 있다. 나는 그 이유를 도저히 모르겠다! 찬송가들은 우리를 과거의 교회와 연결시켜 준다. 많은 사람들은 영적으로 과거와 단절되기를 원한다. 그러나 그러면 안 된다! 교회의 찬송가들이 '세 겹 줄' 중 하나임을 기억하자.

성령님은 하나님이시다

성령님은 오늘날 기독교의 중요한 부분이시다. 우리는 성부와 성자와 성령의 이름으로 세례를 준다. 어떤 사람들이 말하듯이 성령님이 하나님이 아니시고 하나님보다 열등한 존재시라면, 성령님이 인간이나 천사나 그 밖의 어떤 존재시라면, 나는 그렇게 말하는 사람들에게 이렇게 묻고 싶다.

성령님이 하나님이시라고 성경이 가르치지 않는다면, 우리가 "천사장 가브리엘의 이름으로 세례를 주노라", 또는 "내가 성부와 성자와 사도 바울의 이름으로 당신에게 세례를 주노라"라고 말할 수도 있을 것인데, 이런 말들이 얼마나 이상하게 들리겠는가?

내가 "성부와 성자와 동정녀 마리아의 이름으로 당신에게 세례를 주노라"라고 말한다면 정말 무서운 일이 아닐 수 없다! 우리는 사도 바울에게 신성이 있다고 말할 수 없다. 동정녀 마리아에게 신성이 있다고 말할 수도 없다. 물론, 마리아가 우리 주님의 어머니였기 때문에 마리아를 존경할 수는 있다. 정확히 말하자면, 마리아는 육신적 의미에서 우리 주님의 어머니였지만, 신성의 차원에서는 그분

의 어머니가 아니었다. 예수님에게는 창세전부터 신성이
있었다.

우리가 천사장 가브리엘의 이름을 끌어다가 "우리 주 예
수 그리스도의 은혜와 하나님의 사랑과 천사장 가브리엘
의 교제"라고 말한다고 가정해보자. 모든 사람들이 "그것
은 이단이요! 이단이요! 이단이요!"라고 소리칠 것이고, 그
들의 지적은 지당하다. 성령님에게 합당한 자리에 천사장
이나 천사나 인간을 갖다 놓으면 정말 끔찍한 일이 될 것
이다!

성령님은 하나님이시며, 가장 중요한 것은 그분이 오늘
날 우리 중에 계시다는 것이다. 눈에 보이지 않는 하나님
이 임재해 계신 것이다.

우리는 성령님을 피해서 숨을 수 없다. 그분이 우리 가
운데 계시기 때문이다. 그분은 우리 중에 계시며, 우리에
게 무슨 일이 일어나고 있는지를 아신다. 그분은 성부와
성자에게서 분리될 수 있는 분이 아니시다. 그분은 하나님
이시며, 하나님의 모든 권리들을 행사하시며, 모든 예배와
사랑과 순종을 받기에 합당한 분이시다.

성령님은 예수님의 영이시다

'성령님이 누구이신가?' 하는 문제를 다룰 때 기억해야
할 지극히 아름다운 사실은 그분이 그리스도의 영이시라
는 것이다. 성령님은 예수님의 영이시기 때문에 예수님과
똑같으시다!

자신이 성령충만하다고 주장하지만 성령님처럼 행동하
지 않는 사람들 때문에 다른 사람들이 두려움을 느낀다.
자기가 성령충만하다고 말하면서도 아주 엄하고 가혹하고
무례한 사람들이 있다. 또 어떤 이들은 섬뜩한 행동을 하
면서 그것이 성령의 역사라고 말한다. 예수님이 성부와 똑
같으시듯이, 성령님은 예수님과 똑같으시다.

예수님은 "나를 본 자는 아버지를 보았거늘"(요 14:9)이라
고, 또 "내가 … 너희에게 보낼 보혜사 … 그가 … 내 것을
가지고 너희에게 알리시겠음이라"(요 15:26; 16:14)라고 말씀
하셨다. 성령님은 우리에게 예수 그리스도를 나타내실 것
이다.

예를 들어보자. 성령님은 아기들을 어떻게 생각하실까?
이 물음에 대답하려면, 예수님이 아기들을 어떻게 생각하
셨는지를 생각해보아야 한다. 예수님은 아기들에 대해 성

부와 똑같은 생각을 하셨다. 예수님이 아기를 품에 안고, 아직 털이 나지 않은 아기의 작은 머리에 손을 얹으시고 "하나님의 복이 함께하길 빈다"(여기서 토저는 성경구절을 인용한 것이 아니라, 예수님이 말씀하셨을 것이라고 그가 생각한 것을 적었다)라고 말씀하신 것을 볼 때, 우리는 성부도 아기들을 아주 좋아하신다고 믿지 않을 수 없다. 신학자들은 왜 예수님이 아기의 조그만 머리에 손을 얹으셨는지 모를 수도 있지만, 나는 알 것 같다. 어린 아기의 머리를 만질 때보다 더 기분 좋은 것은 이 세상에 없기 때문에 예수님은 그 부드러운 머리에 손을 얹고 그분의 아버지의 이름으로 아기를 축복하신 것이었다!

성령님은 병자들에 대해 어떻게 느끼실까? 이것을 알려면 예수님이 병자들을 어떻게 대하셨는지를 보면 된다. 성령님은 죄인들에 대해 어떻게 느끼실까? 이것을 알려면 예수님이 간음 중에 잡혀서 그분 앞으로 끌려온 여자를 어떻게 대하셨는지를 보면 된다. 모든 것들에 대해 성령님은 예수님이 느끼시는 것과 똑같이 느끼신다. 성령님은 예수님의 영이시기 때문에 예수님과 똑같이 행하신다.

성령님은 다정한 분이시다. 어떤 이들은 성령님에 대해

온갖 이야기를 다 하면서도, 그분이 다정한 분이시라는 이야기는 절대 하지 않는다. 만일 우리가 그분을 소홀히 취급하거나, 그분께 저항하거나, 그분을 의심하거나, 그분께 죄를 짓거나, 그분께 불순종하거나, 그분께 등을 돌리면 그분은 슬퍼하신다. 그분은 다정한 분이시기 때문이다.

우리가 그분을 슬프게 해드리면 그분이 슬퍼하실 수 있는데, 그것은 그분이 우리를 사랑하시기 때문이다. 우리가 어떤 사람을 사랑하지 않는다면 그 사람 때문에 슬퍼할 일도 없다.

"하나님의 성령을 '슬퍼하게' 하지 말라 그 안에서 너희가 구원의 날까지 인치심을 받았느니라"(엡 4:30. '슬퍼하게'가 개역개정판 한글성경에서는 '근심하게'로 번역되어 있다 - 역자 주).

이 말씀 속에는 "성령님은 우리를 너무 사랑하시기 때문에 만일 우리에게 모욕을 당하시면 슬퍼하신다"라는 뜻이 담겨 있다. 우리가 그분께 귀를 기울이지 않거나 그분을 못 본 체하면 그분이 슬퍼하신다. 그분께 저항해도 그분은 슬퍼하신다. 우리의 의심도 그분을 슬퍼하시게 한다.

그렇지만 우리가 순종하고 믿으면 성령님이 기뻐하신다. 기쁨을 느끼실 때 그분은 우리로 인해 기뻐하는 아버지나 어머니가 반응하듯 반응하신다.

회복을 위한 부름

우리의 삶과 교회생활에서 성령님에게 합당한 자리를 다시 내어드리는 것은 정말로 우리에게 일어날 수 있는 가장 중요한 일이다. 성령님이 우리 가운데 계신 것을 우리가 느끼거나 의식하지 못한다면 차라리 교회 말고 다른 곳에 있는 것이 낫지 않을까?

성령님 없이도 교회가 돌아가게 하는 일이 얼마든지 일어날 수 있다. 교회를 조직하고 지도부를 선출하고 목회자를 청빙하고 헌법을 채택하면 교회를 시작할 수 있다. 무엇이 더 필요하겠는가? 목회자가 크랭크(crank)를 돌려 교회를 굴러가게 하도록 성령님이 그냥 내버려 두신다 할지라도 5년 동안 아무도 눈치채지 못할 것이다. 이런 일이 일어난다면, 그리스도의 교회에 얼마나 끔찍한 비극일까!

"귀 있는 자는 성령이 교회들에게 하시는 말씀을 들을지어다"(계 2:7).

이런 교회의 비극에 대해 우리가 보일 수 있는 두 가지 반응은 교회를 거부하거나 아니면 더욱 열심히 하나님을 찾는 것이다. 나는 후자 쪽으로 상황이 전개되도록 기도한다. 우리는 현재 우리에게 있는 것들보다 더 좋은 것들을 열심히 추구해야 한다. 우리는 스스로에게 "우리가 함께 하나님을 찾을 것인가? 저 '세 겹 줄'을 굳게 붙들어 교회에 훌륭한 간증거리가 될 것인가?"라고 물어야 한다.

우리가 굳게 서 있어야 할 반석은 성경과 신경들과 찬송가들이다. "세 겹 줄은 쉽게 끊어지지 아니하느니라"(전 4:12)라고 말씀하지 않는가?

하나님의 영이시여, 제 마음에 내려오소서.
제 마음을 세상에서 떼어놓으시고,
제 마음의 모든 고동(鼓動)을 통해 움직이소서.
당신은 강하시오니 제 연약함을 굽어보소서.
그리고, 제가 마땅히 사랑해야 하므로 당신을 사랑하게 하소서.
_ 조지 크롤리

"거룩하신 성령님, 저는 당신과 당신의 거룩한 계시의 모든 위엄을 받아들입니다."

✔ 묵상 포인트

1. 시간을 내어 신경들을 묵상해보자.

2. 성령님을 의지하는 당신의 개인적 믿음을 어떻게 규정할 수 있을까?

3. 우리의 삶을 새롭게 채우실 기회를 성령님에게 드리자.

마음을 꿰뚫는
성령님의 음성

여호와께서 임하여 서서 전과 같이 사무엘아 사무엘아 부르시는지라

사무엘이 이르되 말씀하옵소서 주의 종이 듣겠나이다 하니 삼상 3:10

우리는 길 잃은 세상에서 살아간다. 이 세상의 거민들이 길 잃은 존재라는 내 말은 과장된 말도 아니고, 낭만적 의미에서 하는 말도 아니다. 내 말은 그들 한 사람 한 사람이 모두 실제로 길을 잃었다는 것이다. 종교음악 중 많은 것은 길 잃은 세상에 대해 매우 낭만적으로 노래하면서, "세상이 길을 잃은 것에 대해 세상을 탓할 수 없으니, 세상은 단지 불행하게도 그렇게 되었을 뿐이다"라는 메시지를 전한다. 그러나 세상이 길을 잃었다는 것을 낭만적으로 보아

서는 안 된다. 암에 걸린 것을 낭만적으로 보아서는 안 되 듯이 말이다! 인류가 길을 잃었다고 말할 수 있는 이유는 인류를 구성하고 있는 한 사람 한 사람이 길을 잃어 인간의 뛰어난 언어로도 도저히 표현될 수 없는 파괴적 재앙에 직면해 있기 때문이다.

그런데, 우리의 '길 잃음'(lostness)에서 가장 나쁜 부분은 우리가 내면적으로 길을 잃었다는 것이다. 지금 내가 이 세상에 태어나 세상의 고통과 세상의 '길 잃음'을 겪고 있는 사람들에 대해 말하고 있다는 것을 기억하라. 단지 숲 속에서 길을 잃은 사람은 자기가 길을 잃었다는 것을 알기 때문에 노력해서 다시 길을 찾을 수도 있지만, 기억상실증에 걸려 자기의 이름이나 사는 곳을 모르는 사람이 숲속에서 길을 잃으면, 외적으로뿐만 아니라 내적으로도 길을 잃은 것이다. 내적으로 길을 잃은 사람은 자기가 길을 잃었다는 사실 자체를 전혀 또는 거의 모른다.

이것은 신학자에게 찾아가 "아무개 박사님, 사람들이 길을 잃고 있습니까?"라고 물을 수 있는 성격의 문제가 아니다. 만일 그렇게 한다면, 그 박사가 당신에게 해줄 수 있는 일이란 성경구절을 말해주는 것뿐이다. 그것마저도 해주지 않는다면, 그는 신뢰할 수 없는 사람이다. 인간이 길을 잃었다는 것은 논쟁의 여지가 없는 사실이다. 이것은 소수의 사람들이나 믿는 신화 같은 얘기가 아니다. 이것은 중력이나 수학적 진리와 같은 이런저런 것들처럼 사실이다! 분명히, 세상은 길을 잃었다. 그럼에도 불구하고 세상이 버림받지 않았다는 것 역시 사실이다!

주 예수 그리스도의 속죄의 피를 통해 하나님은 영원한 언약을 맺으셨는데, 그것은 우리의 죄를 위한 속전을 지불하는 것이다. 하나님은 잘못된 것을 속죄를 통해 바로 잡으셨고, 그리스도는 우리의 죄를 위한 속전이 되었다. 그러므로 세상은 버림받지 않았다. 세상은 길을 잃었고, 그 '길 잃음'은 내면 깊숙한 곳의 문제이며, 대개의 경우 세상은 자기의 '길 잃음'이 얼마나 심각한지 모른다. 그러나 하나님은 세상이 길을 잃었다는 것을 아셨고, 완전한 보상과 완전한 속전을 통해 인류 속량의 길을 여셨다.

사랑이 내 영혼의 속량의 길을 찾았네.

사랑은 나를 온전하게 만드는 길을 발견했네.

사랑이 내 주님을 치욕의 십자가로 보냈다네.

사랑이 길을 내었으니, 오, 그분의 거룩한 이름을 찬양하라!

_ 에이비스 M. 크리스티안센

하나님이 말씀하신다

하나님은 여러 목소리를 통해 말씀하고 또 말씀하신다. 예를 들면 양심, 사랑, 이성, 죽음, 그리고 성령님을 통해 말씀하신다. 온갖 분명하고 크고 특징적인 음성들 중에서 성령님의 음성이 가장 분명하고 크다. 그분의 음성은 진지하고 심각한 의미를 다른 음성들에게 불어넣을 수 있다. 만일 성령님이 임재하여 사람들의 마음에 깨달음을 주지 않으신다면, 온 세상의 신학자들이 다 달려들어도 "인간이 길을 잃었지만 회복의 길이 가능하다"라고 사람들을 설득할 수 없다. 어떤 것을 보더라도 깨달음이 없으면, 인간의 마음속에 무엇이 있는지를 전혀 알 수 없다.

인간이 얻을 수 있는 지식은 두 가지 종류다. 하나는 머릿속에 갖고 있는 지식이고, 다른 하나는 삶 속에서 체험한 지식이다. 전에는 우리의 머릿속에만 있던 지식을 삶 속에서 체험하도록 만들어 주는 놀랍고 신비로운 방법이 성령님에게 있다. 그렇기 때문에 하나님은 "[아담아] 네가 어디 있느냐"(창 3:9), "오호라 너희 모든 목마른 자들아"(사 55:1), "수고하고 무거운 짐 진 자들아 다 내게로 오라"(마 11:28)라고 말씀하실 수 있다. 성령님은 이러한 부름들과 음성들을 의미 있는 것으로 만들어주신다.

성령님의 확증

성령님이 오시면 '위로하는 분'(the Comforter, 개역개정판 한글 성경에서는 '보혜사'로 번역했다 - 역자 주)으로 오실 것이라고 주님은 말씀하셨다. 그렇다면 성령님은 무슨 일을 하시는가? '위로하는 분'(보혜사)이 오시면 그분은 세 가지를 확증해주실 것이었는데, 그 세 가지는 예수님이라는 분 자체, 예수님의 말씀, 예수님의 사역이었다. '갈릴리의 예수'라고 불리는 사람이 이 땅에서 행하셨을 때, 그분은 시간이 시작된 이래 그 어떤 종교 지도자의 입에서 나온 말보다 더욱 고상한 말씀을 하셨고, 그분 자신에 대해 정말로 깜짝 놀랄 만한 주장을 하셨다.

나는 기독교가 아닌 다른 종교들의 위대한 선생들이 쓴 글들을 상당히 알고 있다. 하지만 분명히 말할 수 있는 것은 그들 중 누구도 예수님이 그분 자신에 대해 하셨던 것 같은 주장을 하지 않았다는 것이다. 어떤 다른 종교의 선생도 "아브라함이 나기 전부터 내가 있느니라"(요 8:58)라고 말하지 않았다. 그 어느 누구도 "사탄이 하늘로부터 번개같이 떨어지는 것을 내가 보았노라"(눅 10:18)라고 말하지 않았다. 예수님처럼 "나와 아버지는 하나이니라"(요 10:30)라고 말한 사람은 아무도 없었다. 어떤 선생도 "내 아버지 집에 거할 곳이 많도다 … 내가 너희를 위하여 거처를 예비하러 가노니"(요 14:2)라고 약속하지 않았다. 어떤 선생도 "너희가 이 성전을 헐라 내가 사흘 동안에 일으키리라"(요 2:19)라고 말하지 않았다. "내가 곧 길이요 진리요 생명이니 나로 말미암지 않고는 아버지께로 올 자가 없느니라"(요 14:6)라고 감히 말한 다른 선생은 아무도 없었다.

이런 말씀들은 정말 놀라운 주장이요 지극히 고상한 언어였다. 성령님은 그리스도의 말씀을 확증하시기 위해 조용한, 꿰뚫어 보는, 직접적 증언자로 오셨다.

그리스도의 말씀은 신학적 지식에 의해 확증될 수 없다. 그분의 말씀에 권능을 주는 것은 우리의 속까지 꿰뚫고 들어오는 성령님의 놀라운 말씀과 임재다.

우리가 또 생각해보아야 할 것은 예수님의 사역이다. 예수님이 기적을 행하셨다는 것을 누구도 부정할 수 없었다. 심지어 그분의 적들도 그것을 부정하려고 시도하지 않았다. 그들의 눈앞에서 일어나는 일을 부인하는 것은 불가능했기 때문에, 그들이 할 수 있는 것은 하나님께서 기적을 행하셨다는 것을 부정하는 것뿐이었다. 그들은 "이것은 마귀가 한 것이다. 하나님이 하지 않으셨다"라고 말했다. 그분의 기적을 부정하는 것은 불가능했다. 예수님은 죽은 자들을 살리시고, 호수의 물을 잔잔케 하시고, 눈먼 자의 눈을 뜨게 하셨고, 물을 포도주로 바꾸셨다. 그분은 이 모든 것들을 행하셨고, 이제 성령님은 그것들의 신적 성격을 확증하고, 그것들이 정말로 하나님에게서 왔다는 것을 증명해주기 위해 찾아오신다.

또한 성령님은 '예수 그리스도'라는 분을 확증해주신다. 누가 이분과 같은가? '예수'라고 불리는 이 사람처럼 이 세상에 살았던 사람이 또 있었는가? 성령님은 그분을 확증하기 위해 오셨고, 예수님을 죽은 자들로부터 다시 살리셨다.

이 신비로운 증언자가 이제 여기에 계시다. 그리스도는 사람들 중에서 행하실 때에는 시험대에 오르셨지만, 이제는 더 이상 그렇지 않다. 지금 시험대에 올라 있는 것은 인간이다!

　이 중대한 '종교적 질문'의 문제는 교실에서 인간의 마음으로 옮겨졌다. 보좌가 있고, 그 보좌 위에 한 인간이 앉아 있다. 그 인간은 주 예수 그리스도이시다. 그분을 보좌에서 끌어내리고 싶어 하는 사람들은 그 보좌 앞으로 올 수 없다. 그 보좌에 앉아 계신 분에게는 권위와 능력과 심판과 공의를 행사할 수 있는 권리가 주어졌기 때문에, 그분은 하늘과 땅의 모든 권세를 휘두르실 수 있다. 이분은 물론 주 예수 그리스도이시고, 성령님은 사람들의 마음속에서 이분에 대해 증언하기 위해 여기에 계신다. 예수님이 이 땅에서 말씀하실 때 그분은 당시 사람들의 귀에 말씀하셨지만, 이제 성령님은 지금 사람들의 마음속으로 뚫고 들어가 그들의 마음에 말씀하신다. 이것은 '인간 예수님'도 하실 수 없었던 것이다.

성령님은 죄를 깨닫게 하신다

　예수님은 제자들에게 "내가 떠나는 것이 너희에게 더 좋다. 왜냐하면 내가 떠나야 보혜사(성령님)가 오실 것이고, 보혜사가 오시면 세상을 꿰뚫어 보시고, 죄와 의와 장래의 심판에 대하여 세상을 책망하시며, 세상을 일깨우실 것이기 때문이다"라는 취지로 말씀하셨다. 그분은 "그러나 내가 너희에게 실상을 말하노니 내가 떠나가는 것이 너희에게 유익이라 내가 떠나가지 아니하면 보혜사가 너희에게로 오시지 아니할 것이요 가면 내가 그를 너희에게로 보내리니"(요 16:7)라고 말씀하셨다.

이 거룩한 증언자, 즉 보혜사는 임재하셔서 모든 경우에 그리스도를 위해 말씀하신다. 당신이 성령님의 음성을 상대한다면 그것은 곧 그리스도를 상대하는 것이다. 우리 모두의 운명은 역사적 증거에 의해 좌우되지 않고 성령님에 의해 좌우된다.

우리가 역사적 증거를 검토한 후 예수님이 하나님의 아들이신지 아닌지를 결정해야 한다고 가정해보자. 그럴 경우, 증거를 수집해서 결론에 도달하는 방법을 잘 알고 있는 학자 같은 사람들은 예수님이 하나님의 아들이시라고 결론 내리겠지만, 세상의 순진한 사람들과 못 배운 사람들은 그렇게 하지 못할 것이다. 증거를 다루는 방법들을 모르는 후자의 사람들은 증거(사실들)가 주어졌음에도 불구하고 예수 그리스도에 대해 제대로 결론을 내리지 못할 것이다.

성령님은 증거를 수집하고, 이성적으로 추론하고, 증거를 양심에게 제시하는 과정을 한 걸음에 건너뛰신다. 그리고 예수님을 믿고 그분과 관계 맺는 문제를 이성의 영역에서 완전히 들어내어 양심의 영역으로 옮겨놓으신다. 우리의 믿음은 역사적 증거에 의존하지 않는다. 우리 믿음의 기초는 내적 생명을 증언하시는, 눈에 보이지 않는 성령님의 임재이며, 또한 그분의 음성에 대한 우리의 반응이다.

그 음성이 역사적 사실들을 사용하긴 하지만, 내적 음성은 그 역사적 사실들을 자료 삼아 추론하는 이성에 의존하지 않는다. 어떤 사람이 복음을 전하기 위해 성령님의 능력 가운데 설교단에 선다면 성령님은 그 사람과 함께 계시면서 이런저런 표적들을 통해 하나님의 말씀을 확증해주신다. 그 표적들은 외형적인 것일 수도 있고, 아니면 듣는 이들의 마음과 양심 안에서 일어나는 것일 수도 있다. 내가 특별히 관심을 갖는 것은 마음과 양심이다. 설교자가 설교하는 동안 성령님은 기다리시고, 지켜보시고, 결정하시고, 선택하신다. 그런데 그분의 선택은 언제나 세상으로부터 사람들을 불러내시는 선택이다.

누구도 성령님을 속일 수 없다. 설교자도 속을 수 있지만, 성령님은 속지 않으신다. 그분이 속지 않으시는 이유는 그분이 하나님이시며, 눈에 보이지 않게 임재하는 분이시며, 오늘날 우리 가운데서 가장 중요한 분이시기 때문이다.

성령님은 방 안에 퍼진 강한 향기 같으시다. 마치 엑스선(x-ray)처럼 막힘없이 어디든지 도달하신다.

성령님은 아주 중요한 세 가지에 대해 우리를 일깨우시는데, 이에 대해 예수님은 이렇게 말씀하셨다.

> 그가 와서 죄에 대하여, 의에 대하여, 심판에 대하여 세상을 책망하시리라 죄에 대하여라 함은 그들이 나를 믿지 아니함이요 의에 대하여라 함은 내가 아버지께로 가니 너희가 다시 나를 보지 못함이요 심판에 대하여라 함은 이 세상 임금이 심판을 받았음이라 요 16:8-11

어떤 사람들은 "죄에 대하여라 함은 그들이 나를 믿지 아니함이요"라는 말씀에 근거하여 불신앙이 유일한 죄라고 가르친다. 그러나 그렇지 않다! 불신앙은 죄의 표시요, 죄의 증거요, 죄가 있음을 말해준다.

이것을 생각할 때 나는 믿음이 지적(知的)인 것이 아니라고 말할 수밖에 없다. 믿음은 전혀 이성의 문제가 아니라,

도덕적인 것이며, 양심과 생명과 생활과 성령님에 관계된 것이다. 예수님은 "그[성령님]가 와서 죄에 대하여 … 세상을 책망하시리라 죄에 대하여라 함은 그들이 나를 믿지 아니함이요"(요 16:8,9)라고 말씀하셨다. 성령님은 세상 사람들의 불신앙이 그들의 죄의 결과임을 보여주실 것이었다.

한 세대 전에 어떤 사람들은 "문제가 되는 것은 죄가 아니라 하나님의 아들을 믿느냐 믿지 않느냐 하는 것이다"라고 말했다. 그들의 주장에 의하면, 예수님이 하나님의 아들이심을 믿느냐 믿지 않느냐에 따라 모든 것이 좌우될 뿐이지, 죄는 중요하지 않다는 것이다. 나는 그들의 주장을 믿지 않았고, 지금은 더욱 더 믿지 않는다. 예수님이 하나님의 아들이시냐 하는 것이 문제가 될 수 없다. 이것은 성령님이 오셨을 때 해결되었기 때문이다. 중요한 것은 '죄의 문제'다.

예수님은 "사람이 하나님의 뜻을 행하려 하면 이 교훈이 하나님께로부터 왔는지 내가 스스로 말함인지 알리라"(요 7:17)라고 말씀하셨다. 예수 그리스도를 믿으려는 의지가 있고 그분의 뜻을 행하려는 마음이 있는 사람은 그분의 교훈이 하나님에게서 왔다는 것을 알 것이다. 그런 사람에게는 그분이 하나님의 아들이신지 아닌지 하는 문제가 해결된 것이다. 오순절에 강림하셨을 때 성령님은 예수님이 하나님의 아들이시냐 아니냐 하는 문제를 해결하셨다. 그러므로 이제 중요한 것은 '죄의 문제'다.

당신은 예수님이 하나님의 아들이심을 믿는다. 맞다! 당신은 믿는다! 성령님이 우리의 죄를 가슴 깊이 느끼도록 해주실 때 우리는 예수님이 하나님의 아들이심을 믿게 된다. 그것을 믿는 것은 그것을 증명해주는 책을 다섯 권 읽었기 때문이 아니라, 성령님이 예수님의 존재와 사역과 말씀에 대해 증언해주시고, 또 예수님이 하나님의 아들 메시아이심을 확증해주시기 때문이다.

'구원 얻는 믿음'이 불가능한 이유는 고백하지 않은 죄때문이다. 사람들이 믿음을 갖기 힘든 주 원인은 죄를 버리지 않기 때문이다. 자기의 죄를 사랑하는 사람은 믿지 않는다. 마음에 죄를 품고 있는 사람은 믿지 못한다.

보혜사는 사람들의 마음을 찌르고 확신을 주고 의에 대하여 책망하시는데, 그 이유에 대해 예수님은 "의에 대하여라 함은 내가 아버지께로 가니"(요 16:10)라고 설명하셨다. 세상의 도덕적 상태가 어떤 것인지를 극명하게 보여주는 증거는 의로운 분이 홀로 이 세상에 나타나셨을 때 세상 사람들이 그분을 받아들이기를 거부했다는 것이다. 예수님은 지극히 거룩한 분이셨지만, 그들은 "이 사람이 우리를 다스리는 것을 용납할 수 없다"라고 말했다.

성령님이 계속 말씀하시면 결국 두 가지 중 하나가 일어나게 되어 있다. 한 가지는 당신이 그분의 음성에 굴복하여 "예, 알겠습니다"라고 대답하고 하나님의 아들을 적극적으로 믿는 것이다. 다른 하나는 결국 성령님의 음성이 들리지 않는 지경까지 이르는 것이다. 그분의 음성이 들리지 않을 때 당신은 그분이 더 이상 말씀하시지 않는다고 생각하겠지만, 그런 것이 아니라 당신의 마음이 완전히 굳어진 것이다! 당신의 마음을 흔들어놓던 그분의 음성이 더 이상 들리지 않을 정도까지 당신의 마음이 굳어져 버리면, 당신은 아무 문제가 없다는 착각에 빠진다. 그러나 당신이 그분의 음성을 듣지 못한 것이고, 당신은 당신의 상태가 기대하거나 생각했던 것만큼 나쁘지 않다고 착각하고 있는 것이다!

당신은 굳어진 마음을 그냥 내버려 둠으로 양심의 가책을 더 이상 받지 않고 아무것도 느끼지 못할 것이다. 그 이유는 성령님의 찌르는 말씀이 더 이상 당신을 피곤하게 하지 않기 때문이다. 그로 인해 당신은 아무 문제가 없다는 착각에 빠져 안도의 한숨을 쉴 것이고, 때로는 즐겁기까지 할 것이다. 성령님이 당신의 마음을 바꾸려고 오랜 기간 일하셨음에도 불구하고 당신이 하나님께 저항하고 속이고 거짓말하면 성령님의 음성이 더 이상 들리지 않게 된다.

예수님이 보내신 성령님이 오시면 세상을 책망하실 것이었다. 그런데 예수님은 성령님이 교회를 책망한다고 말씀하지 않고 세상을 책망하신다고 말씀하셨다. 성령님은 세상에게 말씀하신다!

성령님의 찌르심을 여전히 느낄 수 있는 사람들은 무릎을 꿇고 하나님께 감사해야 한다. 마음이 죽어 있어 성령님의 찌르심을 느낄 수 없는 사람들이 많기 때문이다. 이런 사람들은 종교에 반대하지도 않고 동조하지도 않는다. 다만, 죽어 있을 뿐이다. 오래전에 죽었다. 그들은 좀비며, 걸어 다니지만 죽은 자들이다. 마치 〈늙은 선원의 노래〉(The Rime of the Ancient Mariner, 새뮤얼 테일러 콜리지의 시)에 나오는 배에 있는 사람들처럼 말이다! 그들은 영혼이 없음에도 몸이 일어나 일하고 밧줄을 잡아당겼다. 죽은 자가 갑판 위에 서 있었다.

어떤 이들은 불순종 때문에 마음이 굳어졌고, 어떤 이들은 정욕 때문에 그렇게 되었다. 돈에 대한 사랑이나 쾌락, 사랑이나 원한 때문에 마음이 굳어진 이들도 있다. 이런 사람들의 마음은 부드러워지지 않을 것이다. 어떤 사람들은 용서하지 않는 마음 때문에, 적의 때문에, 통제할 수 없고 통제하려고 하지도 않는 격노 때문에, 쉴 줄 모르는 험담 때문에, 뒷담화 때문에, 새빨간 거짓말 때문에, 부정직한 거래 때문에, 또는 더러운 행실 때문에 마음이 계속 굳은 상태에 머문다.

그들에게 들리던 음성이 점점 작아지다가 결국에는 더 이상 들리지 않게 되는데, 그것은 마음의 귀가 닫혔기 때문이다. 그래서 주님은 "[들을] 귀 있는 자는 들을지어다"(마 11:15)라고 말씀하셨다.

이 말씀에는 "어떤 사람들은 들을 귀가 없다"라는 뜻이 분명히 내포되어 있다. 하지만 내가 볼 때, 이 말씀에는 또한 "들을 귀가 있는 자들은 귀를 쫑긋 세우고 들을 것이다. 성령님이 부르고 계시기 때문이다"라는 뜻도 포함되어 있는 것 같다.

나는 성령님이 사람들을 부르고 계시다고 의심치 않는다. 어떤 이들을 부르시는가? 자기가 구원받았다고 생각하는 이들, 구원 받기를 바라는 이들, 교제가 깨어진 자들, 그리고 그리스도에게서 멀리 떨어져 있는 자들이다.

"성령과 신부가 말씀하시기를 오라 하시는도다"(계 22:17).

성령님이 오시는 것은 죄와 의와 심판에 대해 세상을 책망하고 사람들을 그리스도께로 부르기 위함이다. 간곡히 부르는 그분의 음성이 여전히 퍼지고 있다. 그 음성이 당신에게 들린다면 당신은 복된 자다.

겸손해지면, 주님이 네게 다가오실 것이라.

너를 낮추면, 그분의 임재로 인하여 활력을 얻으리라.

그분은 교만하거나 업신여기는 자들과 동행하지 않으시니,

하나님과 함께 걸으려면 겸손해져라.

_ 존슨 오트먼 Jr.

"성령님, 당신의 음성이 제 마음속으로 뚫고 들어오고, 제가 순종의 길을 따라가 당신의 말씀에 이르게 인도하소서."

✔ 묵상 포인트

1. 당신이 잘못을 뉘우치고 깨달은 것이 언제가 마지막이었는지를 기억해보라.

2. 그 깨달음이 당신의 기도 생활을 어떻게 변화시켰는가?

3. 그런 변화가 당신에게, 또 다른 이들에게 어떤 영향을 끼쳤는가?

Alive in the Spirit

세우시는
성령님,
그분의 충만을 입으라

교회와 세상의 차이를
드러내시다

그는 진리의 영이라 세상은 능히 그를 받지 못하나니 이는 그를 보지도
못하고 알지도 못함이라 그러나 너희는 그를 아나니 그는 너희와 함께
거하심이요 또 너희 속에 계시겠음이라 요 14:17

기독교 신앙의 가르침에 따르면, 세상과 참된 교회는 완
전히 정면충돌하는 반대 입장에 서 있다. 세상의 영과 교
회의 영은 확연히 다르다. 타락한 사람의 영과 속량 받은
사람의 영 사이에는 완전한 차이가 있다.

교회와 세상은 무엇이 다른가

우선, 교회와 세상은 서로 양립할 수 없다. 이 둘은 서로

를 불편해 하며, 심지어 서로 적대적이다. 그리스도의 영과 세상의 영 사이에는 영원히 달랠 수 없는 적대감만 존재한다. 세상은 예수님 안에 있는 영을 알아보았는데, 내가 지금 말하는 세상은 '로마'라는 세상이 아니라 당시의 종교계를 의미한다. 당시 종교계는 예수님 안에 계신 영이 본래부터 그들의 원수인 것을 알아보았다. 그들은 예수님을 대적하여 일어나 그분을 십자가에 못 박았다. 그분의 언행뿐만 아니라 그분 안에 계신 영이 그들과 예수님 사이에 적대감을 불러일으켰기 때문이다.

오늘날의 사람들에게 이런 말을 해주는 것은 쉬운 일이 아니다. 그들에게는 이런 말들이 생소하게 들리기 때문이다. 그러나 이것은 성경이 가르치는 바다. 이것은 우리 신앙의 조상들, 필그림(the Pilgrims, 메이플라워를 타고 잉글랜드로부터 북미로 와서 플리머스 식민지를 건설했던 사람들), 그리고 청교도들이 가르쳤던 것이다.

두 영 사이에 존재하는 이 충돌, 즉 한 치도 물러설 수 없는 극명한 이 대립 때문에 역사 속에서 그토록 많은 박해들이 있었던 것이다. 언제나 한 번 태어난 자들이 두 번 태어난 자들을 핍박한다.

타협은 없다

한 번 태어난 영과 두 번 태어난 영, 육체로 난 자와 성령으로 난 자. 양자 사이에는 타협이 불가능하며, 화해도 불가능하다. 그러나 오늘날의 교회에서는 이것을 전하는 메시지를 거의 들을 수 없다. 우리는 우리의 신앙을 세상의 지혜와 사회 전반이 받아들이도록 왜곡하려고 시도해서는 안 된다. 그들이 기독교를 받아들이도록 기독교를 왜곡할 필요도 없고, 그들이 지금 주장하는 소위 '대화'를 시도해야 할 필요도 없다.

'대화'는 아주 멋지게 들리는 말이다. 요즘 '정치적 대화'라는 것이 유행하니까 그에 질세라 '종교적 대화'를 하자고 난리를 치는 사람들이 있다. '대화'라는 것은 두 사람이 말을 주고받는 것을 의미하는데, 그냥 '말하기'라고 하면 유식하게 들리지 않으니까 '대화'라는 말을 쓰는 것이다.

세상에 속한 사람들에게는 그들의 영이 있으며, 그들은 그 영으로 세례를 받았다. 이 영은 타락한 영으로서 하나님에게서 멀어져 있다. 이것은 악하고 눈먼 영이다. 이 세상의 신(神)은 불신자들의 마음을 눈멀게 하고, 그들에게 허영과 위선과 완고함과 거짓과 교만 같은 것들을 채워준다. 그렇기 때문에 세상은 그리스도의 영을 받지 못하는 것이다.

혹시 어떤 사람이 "하나님께서 온 인류에게 그분의 영을 나누어 주실 것이다"라고 말하는 것을 들었는가? 그런 말을 들을 때마다 당신은 그의 말이 틀렸다고 보아야 한다. "그는 진리의 영이라 세상은 능히 그를 받지 못하나니"(요 14:17)라는 말씀이 성경에 나오기 때문이다. 물론 하나님께서 모든 육체가 그분의 영을 받을 수 있도록 그분의 영을 나누어주기 원하시는 것은 맞지만, 오순절의 성령강림도 준비가 되어 있던 120명에게만 허락되었다는 것을 기억하라. 다른 사람들은 받을 준비가 되어 있지 않았기 때문에 받을 수 없었다. 하나님에게서 나오는 이 새 영을 받도록 하나님이 사람의 마음속에서 일하셔야 비로소 사람은 이 새 영을 받을 수 있다.

그런데 이런 말에 대해 이 시대는 "그렇게 독단적인 주장을 하지 말라!"라고 반발하면서, "모든 것들을 서로 조화시켜라. 모든 이들을 불러 모아라. 그리고 종교의 전반적 상황을 고려하여 모든 이들을 만족시킬 만한 공통적 모범 답안을 만들어내라"라고 말한다.

이것은 하나님이 일하시는 방법이 아니다. 세상은 이 성령을 받을 수 없기 때문이다. 세상은 거듭난 사람을 이해하지 못한다. 회개를 이해하지 못하며, 어떻게 회개해야 하는지도 모른다. 믿음을 이해하지 못하며, 믿음이 무엇을 의미하는지에 대해 개념이 없다. '신생'을 이해하지 못하기 때문에 '교회 다니는 것'을 신생이라고 부른다. 성령과 물로 거듭나고 피로 씻김 받는 것이 무엇인지 모른다. 속량이 무엇을 의미하는지 모른다. 그리스도를 이해하지 못한다. 그렇기 때문에 예수님은 "나를 보내신 아버지께서 이끌지 아니하시면 아무도 내게 올 수 없으니 오는 그를 내가 마지막 날에 다시 살리리라"(요 6:44)라고 말씀하신 것이다.

하늘로부터 오는 조명이 필요하다

하늘로부터 내려오는 조명이 있어야 한다. 베드로가 "주는 그리스도시요 살아 계신 하나님의 아들이시니이다"(마 16:16)라고 말했을 때 예수님은 "바요나 시몬아 네가 복이 있도다 이를 네게 알게 한 이는 혈육이 아니요 하늘에 계신 내 아버지시니라"(마 16:17)라고 말씀하셨다. 한 사람에게서 다른 사람에게로 전해지는 모든 신앙적 진리는 한 영혼에서 다른 영혼으로 전해지는 것인데, 그렇게 되려면 단순한 말의 전달이 아니라 하늘로부터의 조명이 있어야 한다.

사람의 마음으로 들어가 죄의 심각성을 그의 마음속 깊이 느끼게 해줄 수 있는 분은 오직 성령님이시다. 자기의 죄의 심각성을 알기 전에는 누구도 회개할 수 없다. 그리고 성령님이 죄의 심각성을 보여주시기 전에는 누구도 자기의 죄의 심각성을 알 수 없다. 성령님이 죄를 보여주시기 전에는 누구도 제대로 된 회개를 할 수 없다. 그리스도 밖에 있는 사람은 하나님으로부터 오는 이런 조명을 이해하지 못한다.

세상은 자기의 죄의 깊이를 알지 못하지만, 하나님은 그분의 사람들을 택하셨다. 택함 받은 자들이 그렇지 못한 사람들보다 더 선한 도덕성을 갖고 태어난 것은 아니다. 하나님은 종교적 성향이 있는 사람들만을 택하신 것도 아니다. 어떤 이들에게는 종교적 성향이 있고, 어떤 이들에게는 시적(詩的) 성향이 있다. 또 어떤 이들은 음악적 성향을, 다른 이들은 미술적 성향을 갖고 있다. 어떤 이들은 평생 사진술 강의를 한 시간도 듣지 않았어도 사진을 찍어서 그것을 아주 자연스럽고 아름답게 보이도록 만드는 기술이 있다. 어떤 이들은 선천적으로 종교적 성향이 강하다. 그러나 하나님은 그런 성향을 보고 일하시는 분이 아니다. 종교적 성향이 강한 것은 그분의 영적 조명과 아무 관계가 없다. 그분이 찾아내어 구원하고 성령을 주고 빛을 비추어 주시는 사람이 다른 사람들보다 반드시 도덕적으로 더 선한 것은 아니다.

야곱이 에서보다 도덕적으로 우월한 것은 아니었다. 사울에 비해 다윗에게 도덕적 우월성이 있었던 것은 아니다. 누가 이 타락한 세상의 한가운데서 어떻게든 하나님께 나아가 그분의 '만져주심'을 체험하고 은혜를 받는가? 하나님이 어떤 사람에게 손을 얹으시고, 그를 부르시고, 그에게 말씀하시고, 그를 흔들어 깨우시고, 그에게 빛을 비추어주시고, 그를 상대로 작업을 하시면, 그는 이 과정을 통해 그리스도인이 된다.

그가 주일학교의 설교, 교회 예배의 설교, 전도책자, 성경, 그리고 간증을 통해 선포되는 복음을 들을 때 하나님이 그를 부르시고 만져주신 것이다. 예수님이 "내 양은 내 음성을 들으며 나는 그들을 알며 그들은 나를 따르느니라"(요 10:27)라고 말씀하셨듯이, 이 사람은 그분의 부르심의 음성을 들은 것이다!

당신이 그리스도인이라면 당신은 주변 세상에 희한한 존재로, 기적 같은 존재로 보일 것이다. 이 시대는 그리스도인과 죄인이 구별되지 않는 이상한 시대다. '절반만 구원 받은 그리스도인'과 '절반만 구원 받은 죄인'이 구별되지 않는다. 이쪽과 저쪽이 분간이 안 된다. 모든 이들이 서로 잘 지내니까 거의 구별되지 않는다.

역사는 군대에 군복이 있었고, 군인들이 군복을 입고 전투에 임했다는 것을 우리에게 말해준다. 대부분의 경우, 군복은 전투에서 아군과 적군을 구별하게 해주었다. 그런데 제2차 세계대전에서 전쟁터에 남아 있었을지도 모르는 얼마 안 되는 도덕성의 흔적들마저 사라져 버렸다. 예를 들면, 적군의 군복을 입고 전선을 통과해서 적지로 침투하는 일이 때때로 일어났다. 영국의 군인들과 나치의 군인들, 또 미군과 일본군 사이에 분명히 그어졌던 선이 희미해지고 그들은 서로 섞였다. 적군이 아군의 군복으로 위장했기 때문에 아군이 많이 죽었다. 우리 병사들은 우리와 똑같은 표지를 붙인 군복을 입고 있는 병사들에게 안심하고 다가갔다가 죽임을 당했다. 자기와 똑같은 복장을 한 적군에게 속아 함정에 빠져 죽임을 당한 것이다.

세상과 구별되어야 한다

옛날에는 교회와 세상이 서로 구별되었기 때문에 최소한 사람들은 자기가 어디에 서 있는지는 알았다. 세상은 교회를 좋아하지 않았기 때문에 모든 그리스도인들을 죽이려고 했다. 터툴리안(Tertullian, 약 155~220. 카르타고 출신의 초기 기독교 신학자)은 "순교자들의 피는 교회의 씨앗이다"라고 말했다. 그는 기독교의 적들이 그리스도인들을 죽이는 것이 소용없다고 했다. 한 명을 죽이면 세 명의 그리스도인이 생기기 때문이다. 결국 기독교의 적들은 그리스도인들을 죽이기를 멈추고 대신 그들의 비위를 맞추는 방법을 사용하기 시작했으며, 그 방법으로 승리했다.

지금의 세상은 과거처럼 우리가 그리스도인이라는 이유만으로 우리를 죽이려 하지는 않는다. 지금 그들이 쓰는 방법은 우리의 발톱과 이빨을 뽑아내어 우리를 '전혀 신경 쓸 필요가 없는 존재'로 만드는 것이다. 그들의 수법에 넘어간 우리가 난롯가에 앉은 얼룩고양이처럼 기분이 좋아서 가르랑거리고 있는 동안에 세상은 지옥을 향해 행진한다. 세상은 우리 옆을 지나가면서 "저 새끼고양이들 참 귀엽네!"라는 한마디를 던질 뿐이다! 그러나 하나님의 뜻을 분명히 알자! 그분의 뜻은 그분의 영이 우리 안에 계셔서 우리가 그분의 생명으로 충만해지는 것이다. 우리는 우리가 그분의 생명으로 충만하다는 것을 세상으로 하여금 알게 해야 한다. 그렇게 된다면, 세상과 우리 사이가 뚜렷이 구별될 것이다.

지금 당신이 일하는 곳에서 불신자들 때문에 어려움이 있다 해도 전혀 고민하지 말라. 사실, 당신에게 그런 어려움이 생기는 것은 좋은 일이다. 다만, 당신을 가리켜 광신자나 잘못된 사람이라고 말하는 사람은 없게 하라. 그리스도를 위해 살지 않는 사람들이 그리스도를 위해 사는 당신을 힘들게 할지라도, 매일 밤 당신에게 "너는 주 예수 그리스도를 위해 고난 받을 만한 자격이 있는 자로 인정받은 것이다!"라는 말씀이 들리면 하나님께 감사하라. 그리고 "너희가 죄와 싸우되 아직 피 흘리기까지는 대항하지 아니하고"(히 12:4)라는 말씀도 기억하라.

우리 주님은 다시 오신다. 그분이 다시 오시는 것은 그분의 양들을 위함이다. 그때가 되면 많은 양들이 이리 뛰고 저리 뛸 것이고, 심지어 양의 가죽을 입은 염소들도 그리할 것이다. 양들은 목자의 음성을 알기 때문에 그분의 음성을 들으면 그분께로 뛰어가기 시작할 것이다. 그것을 보고 염소들은 "저 양들은 어디를 가겠다고 저렇게 뛰어가는 것이지?"라고 묻겠지만, 양들은 목자의 음성을 알기 때문에 목자에게 달려가는 것이다. 양들은 이쪽에서 목자의 음성을 알아듣고 저쪽으로 뛰어가서는 결국 그분의 음성을 확인하게 될 것이다. 하지만 염소들은 목자의 음성을 알지 못한다. 하나님의 영은 자신이 하시는 일을 정확히 알고 계시다. 변화되어 성령의 기름부음을 받은 사람들에게는 하나님께서 그분의 큰 선물을 주신다.

이 세상의 모든 사람들이 악당이라고 판단하면 큰 실수라고 나는 생각한다. 어쩌면 나 자신도 그런 실수에서 자유롭지 못했던 것 같다. 때로 의도치 않게 나는 교회와 세상 사이에, 또 그리스도인들과 죄인들 사이에 경계선을 그어놓고, 교회 쪽에는 선한 사람들만 있고 세상 쪽에는 강간범과 마약중독자와 횡령하는 사람과 거짓말쟁이와 사기꾼과 살인자가 있다고 말해왔기 때문이다. 우리는 교회 쪽에 있는 사람들은 선한 사람들이고 회심한 사람들이라는 인상을 심어주지만, 반드시 그런 것만은 아니다. '잃어버린 사람들' 중에도 여러 종류가 있다. 강간하거나 횡령하거나 살인하거나 은행을 털거나 경비원을 총으로 쏘는 사람들은 그 여러 종류 중 한 종류일 뿐이다.

점잖고 친절하고 다정하고 아주 교양 있는 '잃어버린 사람들'이 있는데, 이런 사람들은 당신을 그들의 집에 초대해서 융숭하게 대접하기도 한다. 이들은 크리스마스에 당신을 기억하고 관심과 친절을 베푼다. 하지만 이런 사람들도 세상에 속해 있다. 그리스도인들은 '성령 안에서의 영원한 생명'이라는 하나님의 선물을 통해 변화된 사람들이며, 전혀 다른 부류에 속한다. 전혀 다른 사람들이다. 세상은 새로운 피조물을 받아들일 수 없다. 선한 세상, 교육받은 세상 또는 교양 있는 세상도 새로운 피조물을 받아들이지 못한다. 친절한 사람들조차 받아들이지 못한다. 그들에게는 다른 영이 있기 때문이다. 그들에게 있는 것은 첫 아담의 영이다. 마지막 아담(그리스도)의 성령이 아니다.

경계선

인류는 경계선을 사이에 두고 두 무리로 갈라진다. 내

소원과 꿈과 소망은 우리가 속량 받은 자들의 무리, 둘째 아담과 새로운 영과 목자의 영이 계신 무리, 목자의 음성을 아는 무리가 되는 것이다. 그리스도의 이 새 영은 사람들의 영혼으로 찾아오신다.

저 밖에 있는 세상의 사람들은 우리의 말을 듣지만, 우리의 주장이 황당하다고 생각한다. 아마도 그들은 우리의 주장이 무의미하다고 생각할 것 같다. 그래서인지, 그들은 우리의 말을 지겹다고 여긴다. 어쩌면 우리의 말이 무례하고 불쾌하다고 느낄 수도 있다. 그래서인지, 우리의 말에 모욕감을 느낀다.

또 어떤 이들은 우리의 말에 전혀 반응을 보이지 않는다. 이런 사람들이 상대하기가 제일 힘든 사람들이다. 만일 당신이 사람들에게 전도하기 원한다면, 당신에게 온갖 질문을 던지는 사람에 대해서는 걱정하지 말라. 당신을 노려보며 당신에게 "내 걱정은 하지 마시죠"라고 말하는 사람에 대해서도 걱정하지 말라. 아무 대답도 하지 않고 다만 당신을 흐리멍덩한 눈으로 쳐다보고 고개를 끄덕이며 미소 짓지만, 당신의 말을 전혀 알아듣지 못하는 사람, 바로 그런 사람이 전도하기에 제일 어렵다.

그러나 우리에게는 거룩하신 성령님이 계시다. 그리스도인 무리는 그리스도의 영으로, 즉 거듭남을 선물로 주시는 새로운 영으로 기름부음을 받은 사람들이다. 장차 언젠가 이 성령님이 통제권을 갖고 온 우주를 가득 채우실 것이다. 이분은 그리스도 안에 있는 하나님의 거룩하신 영이시다.

하나님, 우리가 겸손과 회개와 순종과 성실함과 '십자가 지기'를 통해 거룩한 삶을 드러내게 하소서. 또한 구름과 불이 이스라엘 민족 위에 머물었던 것처럼 성령님이 비둘기처럼 머무시는 회중을 통해 거룩한 삶을 나타내게 하소서.

오소서, 성령님, 천상의 비둘기시여!
소생케 하는 당신의 모든 능력들과 함께.
오셔서, 구주의 사랑을 퍼뜨리소서.
그리하시면, 우리의 사랑도 불붙을 것입니다.
_ 아이작 왓츠

"거룩하신 성령님, 감사합니다. 제가 세상을 떠나 당신을 따르도록 부르셨기 때문입니다. 제가 그렇게 하는 것은 당신의 권능

안에서 당신의 영광을 위해 하는 것입니다."

✔ 묵상 포인트

1. 당신의 삶이 세상 사람들의 삶과 어떻게 다른지 생각해보라.

2. 예수님이 당신의 일상적 활동들에 동행하신다면 편하게 느끼시겠는가?

3. 당신이 예수님에게 완전히 굴복하여 모든 것들을 드렸다면, 무엇이 없어졌을 때 가장 슬퍼하게 될까?

교회 안에 나타나는
성령님의 역동성

내가 입을 벌리니 그가 그 두루마리를 내게 먹이시며 겔 3:2

성령님은 성령충만한 교회에 큰 변화를 일으키시는데, 그 변화는 압도적이다. 만일 당신이 현재 일반적인 미국 교회와 사도 시대의 교회를 비교해본다면, 둘 사이에 차이가 있음을 알게 될 것이다. 그 차이는 단지 외적인 것만이 아니다.

물론, 나는 사도 시대부터 지금까지 아주 많은 것들이 변했다는 것을 인정한다. 그러나 그동안 변한 외적인 것들은 중요한 것들이 아니다. 중요한 것은 성령충만한 교회의 내적인 것들이다. 그것들은 한 세대에서 다음 세대로 전해

져 내려온 것들로, 하나님의 뜻에 부합하는 교회를 만들어
주는 요소들이다.

성령님의 임재에서 나오는 권위

기독교 초기의 사도들의 교회에는 권위가 있었다. 그러
나 그 권위가 사람들의 권위는 아니었다. 그 권위는 한 무
리의 사람들이 모여서 투표했을 때 생긴 권위가 아니었다.
만일 그랬다면, 그 후부터는 투표가 권위가 되었을 것이
다. 그 권위는 그들의 회중에 나타난 성령님의 분명한 임
재에서 나왔다. 그들은 가장 좋은 것을 위해서 모였다.

예수님이 승천하시기 전에 주셨던 한 가지 지시는 "너희
는 위로부터 능력으로 입혀질 때까지 이 성에 머물라"(눅
24:49)라는 것이었다. 그들에게 능력이 임할 것이었고, 그
능력은 그들의 예배와 사역에서 절대적 권위로 작용할 것
이었다.

종종 나는 오늘날의 예배에서 누가 진정으로 권위를 갖
는지 고민하게 된다. 현재 우리의 교회들에서 드려지는 일
부 예배들에는 권위가 있는가? 나는 '사도 시대에 있었던
성령님의 권위가 지금도 작용하는가'라고 묻지 않을 수 없

다. 우리는 진정한 권위의 근원이신 성령님에게 돌아가야 한다.

성령충만한 교회가 성령님의 권위에서 벗어나 작동한다는 것은 있을 수 없는 일이다. 오순절 날에 하나님의 권위가 사도들의 개교회(個教會)에 주어졌다. 하나님의 권위를 행사하시는 분은 성령충만한 개인들의 삶 속에 계신 성령님이시다.

성령님이 부어주시는 열정

초대교회는 지역 사회에서 누리던 영향력을 교회 안으로 가지고 들어온 그리스도인들에 의해 지배되지 않았다. 초대교회는 성령님에게 완전히 굴복한 남자들과 여자들을 통해 일하시는 성령님의 권위에 지배되었다.

그런 성령님의 권위는 교인들이 모여 드리는 예배에 영향을 주었을 뿐만 아니라, 세상에 예수 그리스도를 전하겠다는 그들의 열정에도 영향을 주었다. 그들은 주일에 모여 찬송가 몇 개를 부르고, 헌금을 하고, 명확한 주제조차 없는 실패한 설교를 듣고, 집으로 돌아가 평소의 삶으로 돌아가고 마는 신앙생활에 만족하지 않았다. 그들은 성령님

에게 받은 열정과 능력으로 충만했기 때문에 그들의 삶의
세계에서 예수 그리스도를 전하기를 간절히 원했다.

그들에게 임했던 이런 능력이 오늘날 우리의 교회들에
반드시 있어야 한다. 초대교회의 열정이 우리에게도 있어
야 한다. 초대교회에게 열정을 부어주고 또 불일 듯 일어
나게 하신 분이 성령님이시기 때문이다.

성령님이 일으키시는 부흥

오늘날 우리에게 필요한 것은 과거처럼 제대로 된 부흥
이 일어나는 것이다. 사실 나는 '부흥'이라는 말을 사용하
는 걸 좋아하지 않는다. 이 말이 남용되었기 때문이다. 오
늘날 대부분의 부흥회는 '의욕만 넘쳐 흥분하는 집회'이기
때문에 아무도 변화시키지 못한다. 부흥회가 시작된 후에
도 참석자들은 아무런 변화를 경험하지 못한다.

옛 부흥회들을 공부해보면, 그것들이 사람들의 삶뿐만
아니라 지역사회까지 변화시켰음을 알게 될 것이다. 능력
이 나타났지만, 그것은 모인 무리에게서 나온 능력이 아니
라 위로부터 내려와 그 무리에게 임한 능력이었고, 그 능
력은 바로 성령님이셨다.

예수님은 그분의 제자들이 '능력과 권위의 새 시대'로 들어가, 그분의 교회를 그 새 시대에 맞는 방향으로 이끌게 될 것이라고 약속하셨다. 그러므로 지금 우리는 제자들이 했던 것처럼 해야 한다. 초대교회의 계획이 우리의 계획이 되어야 한다. 내가 볼 때, 우리가 해야 할 지혜로운 일은 과거로 눈을 돌려 초대교회, 초대교회의 지도자들, 초대교회 활동의 동기, 그리고 초대교회의 목표를 연구하는 것이다.

기독교 교회의 초기로 돌아가 보자. 구체적으로 말해서, 그리스도께서 하늘로 올라가시기 이전의 상황으로 돌아가 보자. 그때 예수님은 새로운 권능, 즉 보혜사의 권능이 그들에게 임할 것이라고 약속하셨다. 그분의 약속에 따르면, 이 보혜사께서 그들이 전에는 결코 알지 못했던 권능과 권위로 그들을 인도하실 것이었다.

이 문제를 정확한 시각에서 바라보기 위해 우선 나는 진지한 질문을 하나 던져야 한다. 오순절 날에 일어나지 않았던 것은 무엇이었나? 이것은 우리가 깊이 생각해보아야 할 문제다.

오순절 날 이전에도 예수님의 제자들은 하나님의 복을 여러 가지 누렸다. 오순절이 그들에게 복을 가져다준 것은 아니었다. 그 전에 이미 그들에게는 복이 있었다. 오순절 이전에 이미 제자들은 회심했고, 그리스도와 아름다운 교제를 가졌다. 내가 볼 때, 오늘날의 많은 사람들과 목사들이 갖지 못한 것이 그들에게 있었다. 오순절 전에도 그들에게는 복음 전도의 은사가 있었다. 그들은 온갖 곳을 돌아다니며 복음을 전했다.

기적을 행하는 능력, 병자들을 고치는 능력, 그리고 그밖의 여러 능력들이 그들에게 있었다. 오순절 날에 그런 것들이 생긴 것이 아니었다. 이미 그런 것들, 아니 그 이상의 것들도 있었다.

오순절 날에 성령님이 주신 것은 능력과 권세였고, 그 능력과 권세의 목적은 예수 그리스도를 높이는 것이었다. 그리스도께서 하늘로 올라가셨으므로, 보혜사가 내려오셔서 예수 그리스도를 높일 수 있는 능력과 권세를 제자들에게 주셨던 것이다. 예수님 자신도 "내가 땅에서 들리면"(요 12:32)이라고 말씀하셨다. 성령님은 주 예수 그리스도를 들어 올려 높일 수 있는 능력을 제자들에게 주셨다.

하나님이 임재하시다

오순절 날에 대해 생각할 때 내 머리에 먼저 떠오르는 것 중 하나는 하나님이 실제로 그들과 함께 계시다는 임재의식(臨在意識)이 그들에게 갑자기 생겼다는 것이다. 그때까지는 그들이 예수님과 동행했지만, 예수님이 하늘로 올라가 버리심으로 그들의 삶에는 빈자리가 생겼다. 오순절 날에 성령님이 주신 것은 하나님이 그들의 삶에 함께 계시다는 분명한 임재의식이었다. 이 임재의식은 그들이 예수님과 함께 있으며 함께 걸었을 때 체험했던 그 어떤 것보다 더욱 풍성한 것이었다.

이제 그들이 누리는 하나님과의 교제는 그들의 삶을 절대적으로 바꾸어놓을 만큼 강렬하고 살아 있는 것이었다.

오늘날의 많은 교회들과 많은 그리스도인들에게 없는 것은 하나님이 정말로 함께하신다는, 살아 있는 임재의식이다. 물론 우리는 하나님의 존재를 믿는다. 물론 그분을 우리의 구원자로 믿고 의지한다. 그런데 어떤 이유에선가, 더 이상 나아가지 못하고 거기서 끝나고 만다. 우리는 오직 성령님이 우리의 삶 속에 주실 수 있는 사도적 정신 자세를 가져야 한다. 그리고 그렇게 함으로써 하나님이 우리와 함께하실 뿐만 아니라 우리 안에 계시며, 우리에게 그분 자신을 나타내신다는 것을 깨달아야 한다.

현재의 교회들을 가장 많이 바꾸어놓을 수 있는 것은 무엇일까? 내가 볼 때, 그것은 위로부터 홀연히 내려와 우리 가운데 나타나는 하나님의 분명한 임재다! 만일 성령님이 예수님을 나타내셔서 사람들이 그분의 임재를 체험하게 된다면, 이번 주일 아침에 무슨 일이 일어날까? 내가 오늘날 우리에게 꼭 필요하다고 믿는 부흥이 일어날 것이다!

말로 표현할 수 없는 기쁨을 주시다

초대교회를 생각할 때 내 머리에 떠오르는 또 다른 하나는 바로 기쁨이다. 초대교회 신자들은 어느 정도의 시련과 고난과 박해를 피할 수 없었다. 그러나 그들의 삶에는 기쁨이 있었다. 그들의 기쁨은 그들이 행하는 일들에서 흘러나오지 않고 그들의 존재에서 흘러나왔다. 그들은 그리스도인들이었다! 그들의 삶에서 성령님의 능력이 나타났다. 그들이 영광으로 충만한 말로 표현할 수 없는 기쁨 가운데 그들의 형편에 얽매이지 않고 살 수 있었던 것은 그들의 삶속에 하나님의 놀라운 임재가 분명히 나타났기 때문이다.

나는 다른 모든 것들을 가졌지만 기쁨이 없는 몇몇 교회에 가보았다. 그런 교회들에서는 흥분도 있었고 열심도 있었지만, 성령의 기쁨은 어디에서도 찾아볼 수 없었다.

현재 우리는 신자들이 모여서 기쁨에 대한 찬송가를 부른다. 종종 기쁨에 대해 이야기도 한다. 하지만 기쁨에 대한 찬송을 부르고 기쁨에 대해 이야기한다고 해서 기쁨을 실제 체험하는 것은 전혀 아니다.

일이 제대로 돌아가지 않는다는 불평이 지금 곳곳으로부터 내 귀에 들린다. 신자들이 처한 상황이 그들이 원하는 것과 다르기 때문이다. 이런 모든 불평이 그리스도인의 삶의 참된 중심인 예수 그리스도를 보지 못하게 만드는 것 같다.

히브리서에는 "예수를 바라보자 그는 그 앞에 있는 기쁨을 위하여 십자가를 참으사"(히 12:2)라는 말씀이 나온다. 주님의 기쁨은 그분의 환경에 의해 좌우되지 않았다. 주님의 기쁨이 진정으로 우리에게 있다면, 그 기쁨은 상황이나 환경에 의해 훼손되지 않는다.

초대교회는 모여서 함께 노래했고, 그들의 기쁨을 주님에게 표현했다. 그 기쁨은 아담의 본성에서 나오는 행복감이 아니라 그리스도의 본성에서 나오는 행복감이었다.

회오(悔悟)가 일어난다

　오순절 성령강림을 체험한 초대교회의 흥미로운 점을 또 하나 꼽자면, 그들의 복음 증거에서 능력이 느껴진다는 것이다. 그들의 복음 증거의 말은 그들의 말을 듣는 사람들의 마음 깊숙이 파고들었다. 우리는 그것을 종종 '회오'라고 부른다. 그들의 증언은 듣는 자들의 마음에 회오를 일으켰다. 회오는 언제나 성령님의 일하심의 결과다. 그들이 성령충만했고 성령님이 그들을 통해 일하셨기 때문에 그분은 사람들에게 그들의 죄를 깨닫게 하셨다.

　그러나, 다른 것들은 다 원해도 회오만은 원하지 않는 것이 오늘날 교회의 분위기다. 만일 설교자가 교인들에게 부정적인 얘기를 조금이라도 하면 그들은 교회를 떠나 그들의 아픈 부분을 어루만져줄 다른 교회를 찾는다.

　성령님이 그분의 권세를 통해 우리에게 회오를 불러일으키시어 예수 그리스도와 우리가 구원의 관계로 맺어지는 일이 일어나지 않으면, 우리는 실패한 것이다. 초대교회의 제자들이 복음을 증언할 때에는 듣는 이들의 마음속 깊이 파고드는 권세가 나타났다.

오늘날의 신자들은 즐거운 시간을 갖는 것, 자신의 가능성을 최대한 살리는 것, 그리고 매사에 성공하는 것에 대해 말하기 원한다. 그러나 이런 것들은 초대교회의 메시지가 아니었다. 초대교회의 메시지는 듣는 사람들의 마음 속으로 파고 들어가 회오를 일으키는 것이었다.

세상과 분리가 일어나다

우리가 묵상해 볼 만한 가치가 있는 초대교회의 또 다른 특징은 교회와 세상이 분명히 구별되었다는 것이다. 당시 세상은 교회와 가깝게 지내기를 거부했는데, 그 이유는 마음을 파고들어 와 회오를 일으키는 능력이 교회에서 나타났기 때문이다. 기독교의 그 초기의 역사에서는 교회와 세상이 서로 양립할 수 없었다!

그런데 지금 세상이 교회 안에서 편하고 교회가 세상 속에서 편한 것은 무슨 이유 때문인가? 지금 세상과 교회는 구별되지 않는다. 세속적인 사람이 죽을 때 천국행을 보장받기 위해서 주일 아침에 기꺼이 한 시간을 할애하여 교회에 가지만, 그 시간 외에는 자기가 자기의 삶의 주인이다.

초대교회는 세상과의 구별을 엄격히 지켰다. 어떤 것이 세상에서 나왔는지 또는 교회에서 나왔는지를 혼동하지 않았다. 전혀 헷갈리지 않았다! 초대교회는 교회에 대해 긍정적이고 우호적인 말을 해줄 유명 인사를 저 밖의 세상에서 찾지 않았다. 그렇게 할 생각조차 없었다!

기도

초대교회는 또한 기도하는 것을 아주 좋아했다. 거의 매일 기도회를 열었다. 기도를 위해 모였다. 하지만 오늘날 교회는 정찬(正餐)을 위해 모인다. 초대교회는 금식하며 기도했는데, 여기서 우리와의 차이점이 아주 잘 나타난다.

오순절 성령강림 이전에 예수님의 제자들은 그분에게 "주여 요한이 자기 제자들에게 기도를 가르친 것과 같이 우리에게도 가르쳐 주옵소서"(눅 11:1)라고 부탁드렸다. 그런데 사도행전과 그 이후의 신약성경에서는 이런 부탁에 대한 기록이 나오지 않는다. 초대교회 신자들에게는 기도가 '자연스럽게 되는 것'이었다. 그들은 '기도하는 사람들'이었다. 그런데 단지 그들이 기도하는 것으로 끝나지 않고 더 나아가 하나님께서 그들의 기도를 통해 일하셨다!

이것은 그들이 기도하는 법을 알았고 또 무엇을 위해 기도해야 할지를 알았다는 뜻이다. 사람들은 요리 보나 조리 보나 하잘것없는 것들을 위해 기도한다. 초대교회는 기도가 얼마나 힘이 있는지를 잘 이해했다.

부흥을 위해 진심으로 기도하는 내가 볼 때, 오늘날 부흥이 일어나려면 기도부터 시작해야 한다. 현재의 그리스도인들이 하잘것없는 아마추어 수준의 기도에서 벗어나 초대교회 신자들처럼 진지하게 기도한다면, 초대교회에서 일어난 일들이 다시 일어나게 될 것이다.

종종 우리는 조지 뮬러(George Müller, 1805~1898. 자선사업가 및 '그리스도인 형제단' 운동의 지도자) 같은 사람을 칭찬하는데, 그는 정말로 기도의 사람이었다. 그의 모든 사역의 기초는 기도였다. 오늘날의 교회에서 조지 뮬러 같은 사람이 예외적 존재가 되어야 할 필요는 없다고 나는 믿는다. 우리 모두가 기도에 있어서는 조지 뮬러처럼 되어야 한다! 우리는 초대교회처럼 기도의 능력을 믿는가? 하나님께서 기도를 통해 일하신다는 것을 아는가? 우리가 초대교회처럼 기도하기 시작하면, 하나님께서 일하시어 우리의 마음이 기쁨과 찬양으로 가득 차게 될 것이다.

하나님의 말씀을 향한 사랑이 일다

끝으로 내가 여기서 언급하고 싶은 초대교회의 한 가지 특징은 당시의 신자들이 하나님의 말씀을 사랑했다는 것이다. 내가 당신에게 상기시켜 주고 싶은 것은 당시의 그리스도인들에게는 성경책이 없었다는 것이다. 무엇보다도, 당시는 신약성경이 아직 기록되지 않았던 때였다. 그렇지만 그들은 성경을 사랑했다. 사도 바울이 교회들에게 편지들을 써 보냈을 때 교회들은 그의 편지들을 열렬히 받아들였고, 성령님이 그것들을 사용하셨다.

성령충만한 생활을 하고 싶다면 하나님의 말씀을 깊이 사랑하고 그 가치를 충분히 알아야 한다고 나는 믿는다. 초대교회의 그리스도인들은 성경을 사랑했고, 그 때문에 그들 중 많은 이들이 목숨을 잃었다. 교회의 역사를 쭉 읽어 내려가면 많은 신자들이 성경 때문에 목숨을 잃었다는 것을 보게 될 것이다.

초대교회는 그들의 삶에서뿐만 아니라 교회생활에서도 성경이 어떤 위치를 차지하는지를 알았다. 그렇다면 성경이 오늘날 우리의 삶에서는 어떤 위치를 차지하는가? 또 우리의 예배에서는 어떤 위치에 있는가?

성령님에게 완전히 복종하라

이 모든 것들 그리고 그 밖의 다른 것들은 성령님이 초대교회에 어떤 변화를 일으키셨는지를 잘 보여준다. 성령님을 우리의 삶과 교회에 모신다면, 우리는 초대교회의 이런 특징들 중 어떤 것들이 오늘날 우리의 교회에서도 나타나는 것을 보게 될 것이다.

나는 교회가 다시 한번 더 '진정한 의미의 교회'가 될 수 있다는 믿음을 가지라고 모든 곳의 신자들에게 권하는 바다. 그렇게 될 수 있는 유일한 길은 성령님에게 완전히 복종하는 것이다. 성령님은 단순히 우리가 믿는 교리에 나오는 분이 아니시다. 단순히 우리가 믿는 삼위일체의 삼위 중 한 분이 아니시다. 성령님은 바로 하나님의 능력과 권위를 갖고 우리의 삶과 우리 교회의 삶 속으로 들어오셔야 하는 분이다. 이 성령님이 내 삶 속에서 일하시려면 내가 모든 권위와 모든 능력을 그분께 드려야 한다. 오늘날의 교회에서 그분이 일하시려면, 우리가 그분께 완전히 굴복해야 한다.

그러므로 이제 우리가 던져야 할 질문은 아주 간단하다. 성령님이 우리의 삶과 교회에 변화를 일으키시도록 길을

열어드릴 의지가 우리에게 있는가?

"거룩하신 성령님, 당신이 제 삶과 제 교회의 삶에서 환영받으시기를 빕니다. 당신을 나타내셔서, 우리 아버지 하나님께서 영광 받으시게 하소서."

✅ 묵상 포인트

1. 당신이 가장 최근에 죄를 깨달았던 때를 생각해보라.

2. 당신의 회오가 가져온 결과들은 무엇인가?

3. 하나님께서 당신의 삶 속에 분명히 나타나셨을 때 어떤 일들이 있었는지 말해보라.

chapter

09

이것이
성령충만한 교회다

보라 형제가 연합하여 동거함이 어찌 그리 선하고 아름다운고 시 133:1

나는 위대한 화가들의 작품을 즐겨 감상한다. 뉴욕 시에
갔을 때 시간이 나면 옛 화가들의 명작을 감상하기 위해
몇몇 박물관을 찾곤 한다. 나는 특히 초상화를 좋아한다.

탁월한 초상화들을 자세히 들여다볼 때면 한 가지 생각
이 떠오른다. 그 작품들이 수백 번의 붓놀림, 아니 심지어
수천 번의 붓놀림을 통해 탄생했다는 생각 말이다! 그렇
지만 내가 그림 자체를 볼 때에는 붓의 터치를 생각하지는
않는다. 그럴 때 내 관심의 초점은 붓의 터치에서 그림 전
체로 옮겨진다.

위대한 그림은 수많은 붓 터치들이 '서로 조화를 이루어'(또는 표현하기에 따라서는, '서로 섞여서') 만들어지기 때문에 하나하나의 붓 터치는 나중에 눈에 보이지 않게 된다.

색의 장점은 누구나 사용할 수 있는 기본적 색들이 있다는 것이다. 이런 기본적 색들이 무한히 조합을 이루게 하는 기술을 가진 화가는 다른 누구도 흉내 낼 수 없는 그만의 독창성을 발휘하게 된다. 그렇기 때문에 어떤 오래된 작품들은 수백만 달러의 가치를 갖게 된다. 색들은 우리의 사고(思考)에서는 서로 구별이 되지만 실제에서는 그렇지 않다.

한 그림 안에 있는 모든 것들은 완벽한 조화를 이룬다. 만일 어떤 하나가 특이하게 돌출하면, 그 그림의 초점은 깨지고 만다.

성령충만한 교회들은 독특하다

방금 그림에 대해 한 말은 성령충만한 교회에도 적용된다. 성령충만한 교회들은 모두 동일한 기본 요소들로 구성되어 있지만, 성령님은 장인의 솜씨를 발휘하시어 각각의 교회들을 전부 독특한 교회로 만드신다. 붕어빵 찍어내듯이 똑같아서 개성이 없어진 교회는 없다. 물론, 교회들이 서로 다르다 보니 교단 안에서 시끄러운 문제들이 생기는 것도 사실이다.

성령님의 이런 측면이 모든 성령충만한 교회들에서 나타난다고 나는 믿는다. 성령님은 우리의 이해 범위를 훨씬 초월하신다. 물론, 그분의 어떤 부분들은 우리가 이해할 수 있는 것들이다. 그분이 말씀을 통해 그분 자신에 대해 계시하신 것들은 우리가 이해할 수 있다. 하지만 그분에 대해 우리가 모르는 것들이 훨씬 더 많다.

성령님이 그분의 일을 가장 잘 이루시는 곳은 개교회다. 개교회보다 그분을 더 잘 드러낼 수 있는 곳은 없다. 그러므로 성령충만한 교회가 되는 것은 지금 이 때, 지금 이 시대에 매우 중요하다. 사도 시대에 회중이 성령충만했을 때 교회가 시작되었다. 그 후 변한 것은 없다. 즉, 성령충만한 회중이 교회의 출발점이라는 것은 변하지 않았다. 하지만 심히 유감스럽게도 나는, '회중'이라고 불리지만 성령충만하지 못한 그룹들이 많다고 말하지 않을 수 없다. 많은 교회들은 '사람충만'하다. 다른 사람들에 의해 인도받고 지시받고 힘을 얻는 사람들로 충만하다!

성령충만한 교회는 성령님의 아름다움과 조화를 드러낸다. 그 아름다움은 해가 지남에 따라, 세대가 바뀜에 따라 자꾸 성숙해지는 무한한 아름다움이다. 성령님이 자신을 계시하시고 하나님의 뜻에 따라 그분의 일을 행하기를 기뻐하시는 곳은 바로 성령충만한 교회다.

앞에서 언급했듯이, 개교회들은 다양한 부분들에서 서로 다르다. 그런데 지금 나는 모든 성령충만한 교회들에서 발견되는 사도 시대 교회들의 어떤 요소들을 강조하고 싶다. 사도 시대의 교회와 현재 교회의 외형적인 것들은 아주 다를 수 있다. 한 가지 예를 들자면, 건물의 모양 같은 것 말이다. 물론 다른 예들도 얼마든지 찾을 수 있다. 그러나 이런 모든 차이점들은 외형적이고 피상적인 것이다.

사도 시대나 지금 시대나 공통적으로 나타나는 성령충만한 교회의 몇 가지 특징을 살펴보자.

교제의 연합

제일 먼저 머리에 떠오르는 것은, 사도 시대의 교회에서는 교제의 연합이 있었다는 것이다. 이것은 오늘날도 필요하며, 성령충만한 교회에서는 이것이 발견된다.

오순절 날에 그리스도인들은 연합하였고, 하나가 되어 교제하였다. 성령님이 연합을 주신 것이 아니라, 그들이 연합했을 때 성령님이 임하셨다. 연합은 성령님이 그분의 일을 하실 수 있는 발판이 되었다.

오늘날 성령충만한 교회에서 볼 수 있는 것은 형제들 간의 최상의 연합이다. 우리를 하나로 묶어주는 것은 세상의 방법들과 절차들로 설명될 수 없다. 사업적 방법이나 연예 오락적 수단 때문에 우리가 하나가 되는 것은 아니다. 하나가 되는 것은 함께 지향할 수 있는 분, 즉 주 예수 그리스도가 계시기 때문이다.

이런 영적 연합 가운데 하나가 될 때 우리는 성령님이 임하셔서 그분의 일을 시작하실 수 있는 발판이 된다. 사도 시대에 신자들에게 서로 다른 점들이 많았던 것처럼 우리도 여러 면에서 서로 다르다. 그러나 우리는 서로의 차이점들에 주목하지 않고, 사도 시대의 신자들을 하나로 묶어주었던 것에 주목한다.

성령충만한 교회가 되기 위한 첫걸음은 형제들의 연합이다. 형제들의 연합을 안건으로 내걸어 투표한다고 해서 연합이 이루어지는 것은 아니다. 연합은 우리가 교회 건물에 들어서기 전에 경험해야 하는 것이다. 교회 건물이 우리를 하나로 묶어주지 않는다. 교단도 못한다. 만일 투표나 교회건물이나 교단이 연합의 요소라고 믿는다면, 그리스도 안에 있다는 것이 무엇을 의미하는지를 아직 깨닫지 못한 것이다.

성령님의 권위

성령충만한 교회들에서 공통적으로 나타나는 또 하나의 요소는 성령님의 권위다. 이 책에서 나는 많은 이들이 성령님에 대해 소홀했다는 것을 계속 지적할 것이다. 물론 그들은 그분이 삼위일체의 제3위이심을 인정한다. 이 점에 대해서는 의심할 바 없다. 그러나 개교회의 삶에서 그분의 권위가 소홀히 다루어져 왔다는 것은 사실이다.

우리에게는 우리의 권위가 있고, 우리의 계획이 있다. 우리는 모여서 비전(vision)과 선교 목표를 세우지만, 그 다음에는 달나라로 가버린다! 우리가 쓸 수 있는 사업적 방법들이 얼마든지 있기 때문에 그것들을 이용해 교회를 하나로 뭉치게 하려고 한다.

그러나 성령충만한 교회는 성령님의 권위를 인정하고

존중한다. 그분이 그들 가운데 감동을 주시기 전에는 움직이거나 행동하지 않는다.

사도 시대의 교회로 돌아가 보라. 그리고 그 시대의 신자들이 성령님의 영향력에 따라 무엇을 행하였고, 무엇을 행하지 않았는지를 보라. 그 후 펼쳐진 교회의 역사 속에서 나타난 부흥들에 대해 읽어보라. 그러면 모든 부흥들이 개교회에서 성령님의 권위가 새롭게 인식되었을 때 일어났다는 것을 알게 될 것이다. 그때 사람들은 무릎을 꿇었고, 성령님의 행하심이 있기 전에는 아무것도 하지 않았다.

나는 이제까지 종종 해온 말을 이 자리에서 다시 반복한다. 오늘날의 교회에 필요한 것은 교회들이 6개월간 전면적으로 활동 중단을 선언하고, 함께 모여 무릎을 꿇고, 성령님이 우리를 이끌어가기 원하시는 방향으로 움직이실 때까지 기다리는 것이다. 지금 미국의 모든 교회들이 그렇게 한다면, 우리가 읽은 과거의 모든 부흥들에 맞먹는 성령님의 행하심이 나타날 것이다. 오직 성령님만이 그렇게 하실 수 있다.

예수 그리스도를 높임

사도 시대의 교회에 분명히 나타났던 세 번째 특징은 오늘날의 모든 성령충만한 교회들에서도 나타나야 하는데, 이것은 간단히 말해서 '예수 그리스도를 높이는 것'이다. 이것은 아무리 강조해도 지나치지 않다.

모든 교회에서 일어나는 성령님의 기본적인 일하심은 예수 그리스도를 높이는 것이다. 어떤 것이 성령님의 진정한 일하심인지 아닌지를 확인하려면, 그 일이 예수 그리스도를 높이는지 아닌지를 보면 된다. 예수님은 "내가 땅에서 들리면 모든 사람을 내게로 이끌겠노라"(요 12:32)라고 말씀하셨다. 예수 그리스도를 높일 수 있는 정당한 자격이 있는 분은 오직 성령님이시다.

성령님이 예수 그리스도를 높이시는 일은 개교회의 울타리 안에서 일어난다. 성령님이 개교회 안에서 행하시는 모든 것들은 예수 그리스도를 높이는 것을 궁극적 목적으로 삼는다.

오순절 날에 성령님이 임하셨을 때 온 교회가 모여서 경배와 숭모와 찬양의 시간을 가져 예수 그리스도를 높였다. 성령님이 권위를 갖고 그분의 뜻을 행하시게 될 때 그분의 으뜸가는 사역은 예수 그리스도를 높이는 것이다.

오늘날 우리의 세대는 사람들을 높이고, 심지어 프로그램들을 높이기 원한다. 이 세대는 주 예수 그리스도를 빼놓고 다른 모든 것들과 모든 이들을 높이기 원한다.

물론 우리는 예수님의 이름으로 기도하면 기도의 효험을 볼 것이라는 희망을 갖고, 그분의 이름을 사용해서 기도한다. 그분에 대해 부정적인 것을 말하기를 원하지 않는다. 그러나 교회에 오면 그분을 높이지 않고 특정 개인이나 유명 인사나 프로그램을 높인다. 우리는 이런 인간적인 것들을 구심점으로 삼아 함께 일하지만, 이것은 오래 가지 못하는 가짜 연합이다.

초기 사도 시대의 교회는 우리와 달랐다. 특정 개인이나 유명 인사나 프로그램을 중심으로 일하지 않았다. 그들에게는 성령님이 전부였고, 성령님은 오직 예수 그리스도를 높이셨다.

오늘날 우리는 예수 그리스도를 높이는 것을 새롭게 강조해야 한다. 물론 나는 우리의 힘으로는 예수 그리스도를 높일 수 없다는 것을 잘 안다. 우리가 그분에 대해 말하고 설교하고 증언하지만, 진정으로 그분을 높일 수 있는 유일한 분은 성령님이시다! 주 예수 그리스도께서 높임을 받으신다는 느낌이 회중을 압도할 때 우리는 성령님의 권위가 회중 가운데 나타나고 있음을 알게 된다.

영적 은사들의 조화

네 번째 요소는 영적 은사들의 조화다. 성령충만한 교회가 성령의 은사들의 조화를 경험하게 된다면, 그것은 매우 자연스런 일이다. 성령님이 영적 은사들을 허락하시고 그것들의 방향을 이끌어나가실 수 있도록, 발판을 그분께 드릴 수 있는 것은 오직 성령충만한 교회뿐이다.

하나의 은사가 교회 전체를 지배하는 영향력을 발휘하는 경우가 성령충만한 교회에서는 일어나지 않을 것이다. 물론 경우에 따라서는 하나의 은사가 다른 은사보다 더 두드러지게 나타날 수는 있겠지만, 성령충만한 교회에서는 영적 은사들의 조화와 연합이 있게 된다.

이 문제에 대해서는 내가 다른 장(章)에서 다룰 것이지만, 지금 분명히 밝혀둘 것은 내가 성령님의 모든 은사들을 믿는다는 것이다. 그분의 모든 은사들이 오늘날의 교회에서 전부 나타나야 한다고 나는 믿는다.

이런 영적 은사들의 목적은 주 예수 그리스도를 높이는 것이며, 이것은 성령님이 우리를 이끌어 나가시는 방향이기도 하다. 그러므로 이제 우리는 다시 그림의 비유로 돌아가 그림의 전체에 대해 생각해보자. 명화는 한 번의 붓 터치로 태어나지 않는다. 색깔들과 붓 터치들이 섞이면서 하나의 초점을 지향할 때 명화가 탄생한다.

성령님이 주도권을 갖고 계신 성령충만한 교회에서는 영적 은사들의 조화가 있을 것이고, 그 조화는 오직 주 예수 그리스도에게만 초점을 맞출 것이다.

영적 은사들이 성령님의 권위와 감독 아래에 있다는 내 말을 정확히 이해하라. 영적 은사들은 결국 성령님의 은사들이다. 그것들은 어떤 사람이 좌지우지할 수 있는 것이 아니며, 우리를 즐겁게 해주기 위한 종교적 장난감도 결코 아니다.

영적 은사들과 관련하여 큰 해(害)가 발생한 경우들도 있었다. 그 이유는 선한 교인들이 이 중요한 영적 은사들에 대해 이해하지 못한 것이 있었기 때문이다. 영적 은사들은 성령님의 절대적 인도하심 아래에 있어야 한다. 어떤 경우에는 그분이 어떤 한 은사를 좀 더 두드러지게 하시는데,

이것은 그분이 주도권을 갖고 행하시는 것이다.

사도 시대 교회에 있었던 이 네 가지 요소는 오늘날 성령충만한 교회에서도 나타난다. 그 네 가지는 연합, 성령님의 권위, 예수 그리스도를 높이는 것, 그리고 성령의 은사들의 조화다.

원수의 공격에 주의하라

이제 나는 경고의 말을 하지 않을 수 없다. 쉽게 말해서, 성령충만한 교회가 원수 마귀의 공격 목표가 된다는 것이 내 경고다. 원수는 성령충만한 교회가 얼마나 큰일을 할 수 있는지를 잘 안다. 그런 교회가 예수 그리스도를 높이는 일에 모든 것을 집중한다는 것도 잘 안다. 그리스도가 높아지는 것은 그가 정말로 미워하는 것이다!

원수 마귀의 공격은 성령님의 일을 무너뜨리려는 시도에서부터 시작된다. 그의 전술은 교회 형제들의 연합을 공격하는 것이다. 그가 형제들 사이로 옴질옴질 파고들어서 형제들 사이에서 잡음과 분열을 일으키면 성령님의 일이 무너지게 된다.

원수 마귀의 목표와 계획은 예수 그리스도에게 집중하

지 못하도록 하는 것인데, 그렇게 하기 위해 그가 사용하는 지렛대는 형제들 사이의 불화다. 그는 어떤 방법을 쓰든, 어떤 대가를 치르든 개의치 않고 목표달성을 향해 달려간다. 그는 이제까지 꽤 성공을 거두었다. 인정하기 싫지만 사실은 사실이다.

그러므로 성령충만한 교회는 성령님에게 집중하고, 또 그들 가운데서 나타나는 그분의 일하심에 집중해야 한다. 은사를 과시하거나 특정 인물과 유명 인사를 높이는 짓을 하지 말자. 영적 은사들을 교회 상황과 전혀 관계없이 무조건 사용하는 것을 피하자. 날마다 성령님의 권위에 복종하고, 그분이 그분의 뜻대로 일하시도록 길을 내어드리자.

성령충만한 교회가 성령님의 놀라운 조화를 교인들 중에서 드러낸다면, 그것보다 더 아름다운 일이 있겠는가?

"거룩하신 성령님, 당신이 제 삶에서 예수 그리스도를 높이신 것을 제가 지극히 기뻐합니다. 날마다의 삶 속에서 당신이 예수 그리스도를 높이시도록 순종하는 삶을 살게 하소서."

✔ 묵상 포인트

1. 당신이 속한 교회는 어떤 상태인가?

2. 당신은 성령충만한 교회와 조화를 잘 이루는 그리스도인인가?

3. 당신이 성령님과 더욱 조화를 이루려면 어떤 점들에서 변화되어

  야 하는가?

chapter

10

성령충만한 교회는
화합한다

오순절 날이 이미 이르매 그들이 다같이 한 곳에 모였더니 행 2:1

성경과 신경들과 찬송가들이 성령님에 대해 말하는 것
이 정말로 옳다면, 그것이 당신과 나에게 무슨 의미를 가
질까? 그 의미를 가장 잘 설명해주는 것은 물론 초대교회
와 예수님의 제자들이다. 초대교회의 역사(歷史)에서 나타
난 성령님의 일하심을 위한 발판은 신자들의 화합이었다.
그분의 일하심은 모두 제자들을 통해서 시작되었다.

최고의 신학교

예수님의 제자들은 세상에서 가장 좋은 신학교를 3년 동

안이나 다녔다. 예수님을 유일한 교수로 모신 신학교를 상상해보라. 제자들은 서재의 벽에 걸린 사진액자에 집어넣을 학위증을 받지는 않았지만 내면적 학위를 받았고, 우리 주 예수 그리스도를 사랑했다. 그들은 살아 계신 주님을, 죽어서 무덤에 묻힌 주님을, 그리고 부활하신 주님을 사랑했다.

그런데 그 시점에서 그들의 손에 주어진 것은 없었고, 단지 약속만이 주어졌을 뿐이었다. 돌아가실 때까지, 아니 그 후에도 예수님은 그들에게 기대감을 심어주셨을 뿐이다. 그분은 새로운 생명이 그들을 기다리고 있다고 그들에게 말씀하셨다.

그 새로운 생명은 낭만적 생명이나 정신적 생명이나 육체적 생명이 아니라, 위로부터 내려오는 영적 감동이라는 특징을 갖게 될 것이었다. 그 새로운 생명은 저 위에 있는 세계로부터 그들에게 내려와 그들의 존재의 문지방을 넘어서 지성소(至聖所, sanctum sanctorum) 안으로 들어갈 것이었다. 성령님이 그 깊은 곳에서 그들을 가르치고 훈련하고 거룩하게 하고 능력을 주실 것이었다.

이것에 대해 예수님은 이 땅에서의 그분의 삶의 끝이 점점 다가옴에 따라 제자들에게 말씀하시곤 했다. 그분은 다른 것들과는 비교할 수 없는 새로운 생명이 그들에게 임할 것이라고 말씀하셨다. 그 생명은 성령의 기름부음을 받는 것이었다. 이런 것을 말씀하신 후 예수님을 그들을 떠나셨다.

"마음을 같이하여"(행 1:14)라는 말은 '화합'이라는 말을 좀 더 듣기 좋게 바꾸어 표현한 말이다. 초대교회의 제자들은 이미 하나가 되어 있었다. 서로 화합을 이루고 있었다. 그들은 모두 한 장소에 모였다. 어떤 사람은 "하나님께서 우리 모두를 한 장소에 모으신다면, 그분이 우리를 위해 큰 일을 이루실 것이라고 믿어도 좋다"라고 말했다.

하나님은 말보다 크신 분이다

하나님은 그분이 말씀하시는 것보다 더 크신 분이심을 늘 기억하라. 말이라는 것은 그분이 어떤 분이신지, 또 그분이 무엇을 하실 수 있는지를 표현하기에 부족하기 때문이다. 그분이 무엇을 약속하셨든 간에, 그분은 약속 이상으로 행하실 수밖에 없다.

그분이 너무 크신 분이시고, 그분의 마음이 너무 자상하시고, 그분의 소원이 너무 강렬하고 어마어마하기 때문에 언어는 그분을 표현하는 데 한계가 있다. 헬라어, 영어, 그리고 그 밖의 어떤 언어도 그분과 그분의 약속들을 표현하는 데에는 한계가 있다.

하나님은 예수님의 제자들이 능력을 받을 것이라고 약속하셨다. 그 능력은 하늘로부터 내려와 그들에게 임할 능력이었다. 그분이 주실 능력은 그들의 영의 문지방을 넘어서 그들의 영의 가장 깊은 곳까지 들어가 거기서 영원히 거하게 될 것이었다. 그분은 그들을 인도하고, 정결케 하고, 훈련하고, 가르치고, 그들에게 "하나님의 약속의 성취는 약속보다 클 수밖에 없다. 약속의 성취는 하나님이 하시는 것이고 약속은 말일 뿐이기 때문이다"라는 깨달음을 주기 위해 그들 안에서 일하셨다. 하나님은 언제나 말보다 크신 분이시다.

긍정 철학의 오류

현재 광범위하게 퍼져 있는 착각이 있다. 이 책을 조금만 읽어보면 그 착각이 무엇인지를 금방 알게 될 것이다. 나는 긍정의 철학을 전하는 설교자가 아니기 때문이다. 지금 우리의 귀에는 "긍정적인 사람이 되어라. 긍정적인 것을 강조하고, 부정적인 것을 줄여서 말하라"라는 소리가 많이 들린다. 그러나 이런 비유를 생각해보자. 등에 전구를 끼울 줄 아는 사람이라면 전류에 양극(陽極)이 있다는 걸 잘 알고 있을 것이다. 그렇지만 그 사람이 전구를 잘 끼웠다고 해도 양극만 있으면 전구에 불이 들어오지 않는다. 양극과 함께 음극이 있어야 전류가 흐르고 전구에 불이 들어온다.

어떤 사람이 어떤 인물인지를 알려면, 그의 적이 누구인지를 보면 된다. 나는 하나님의 친구들이 내 친구가 되기를 원한다. 나는 그분의 친구들과 잘 지내기를 원한다. 나는 하나님의 적들이 내 친구들인지 아닌지에 대해 별로 신경 쓰지 않지만, 그래도 내 속마음을 말하자면, 하나님의 적들과는 친구가 되기를 원하지 않는다. 때때로 나는 내가 옳지 않다고 믿는 것들을 비판해야 한다. 물론, 그런 것들이 하나님의 사람들에게 해를 끼치지 않는다면, 굳이 비판하고 싶은 마음은 없다. 하지만 그들에게 해가 된다면, 비판하지 않을 수 없다.

마음이 하나 되는 이런 문제는 각 사람이 스스로 해결해야 한다. 내가 당신으로 하여금 어떤 것을 믿도록 만들려고 노력한다 할지라도, 당신이 나를 떠나서 나보다 더 말 잘하는 사람을 만나 설득당하여 내 말을 불신하게 될 수도 있기 때문이다. 만일 내가 당신을 논리적으로 설득하여 당신이 성령충만하다고 믿게 만든다 할지라도, 나중에 누군가 와서 당신을 설득하여 당신이 성령충만하지 않다고 믿게 만들 수도 있다. 만일 내가 어떤 젊은이를 설득하여 그가 거듭났다고 믿게 만든다 할지라도, 나중에 제3자가 나타나서 그를 논리적으로 설득하여 그가 자신의 성령충만을 믿지 않게 만들 수도 있다.

나는 누구와도 논쟁을 하지 않는다. 다만, 세상의 죄를 지고 가신 하나님의 어린양을 상대방에게 말해주고, 그 다음의 모든 것은 그 사람의 결정에 맡긴다. 그러면, 내가 갑자기 죽거나 자동차 사고를 당한다 해도, 그에게는 하나님 아버지의 약속이 있기 때문에 그가 나를 다시 찾아올 필요는 없게 된다.

이런 얘기를 내가 상당히 권위 있게 말할 수 있는 이유는 내가 다 겪어보았고, 내가 무슨 말을 하는지 잘 알기 때문이다. 성령님의 영향 아래에 있지 않다면 누구도 예수님이 주님이시라고 믿을 수도 없고 말할 수도 없다.

성령의 아홉 가지 은사들

성경이 말해주는 성령의 은사들을 살펴보면, 은사들이 참으로 다양하다는 것을 알게 된다. 고린도전서 12장에 나오는 사도 바울의 교훈에 따르면, 은사들은 여러 종류이지만 성령님은 동일하시고, 공적 직무들은 다양하지만 주님이 동일하시며, 사역들이 여러 가지이지만 하나님은 동일하시다(4-6절).

여기에서 삼위일체의 성령님, 주 예수님, 그리고 하나님이 모두 참여하신다는 것에 주목하라. 모든 것을 모든 사람 가운데서 이루시는 하나님은 성령의 나타남을 통해 일하시며, 은사들은 언제나 공동의 유익을 위해 주어졌다(7절). 성령의 은사들은 성령충만한 교회에서 조화를 이루어낸다. 바울은 이렇게 말했다.

어떤 사람에게는 성령으로 말미암아 지혜의 말씀을, 어떤 사람에게는 같은 성령을 따라 지식의 말씀을, 다른 사람에게는 같은 성령으로 [특별한] 믿음을, 어떤 사람에게는 한 성령으로 [다양한] 병 고치는 은사를,

어떤 사람에게는 능력 행함을, 어떤 사람에게는 예언함을, 어떤 사람에게는 영들 분별함을, 다른 사람에게는 각종 방언 말함을, 어떤 사람에게는 방언들 통역함을 주시나니 이 모든 일은 같은 한 성령이 행하사 그의 뜻대로 각 사람에게 나누어 주시는 것이니라 몸은 하나인데 많은 지체가 있고 몸의 지체가 많으나 한 몸임과 같이 그리스도도 그러하니라 우리가 유대인이나 헬라인이나 종이나 자유민이나 다 한 성령으로 세례를 받아 한 몸이 되었고 또 다 한 성령을 마시게 하셨느니라 고전 12:8-13

사도 바울은 고린도교회의 신자들이 아닌 다른 신자들에게 편지를 써서 "우리 각 사람에게 그리스도의 선물의 분량대로 은혜를 주셨나니"(엡 4:7)라고 말했다. 그러므로 성경은 다음과 같이 말한다.

그가 어떤 사람은 사도로, 어떤 사람은 선지자로, 어떤 사람은 복음 전하는 자로, 어떤 사람은 목사와 교사로 삼으셨으니 이는 성도를 온전하게 하여 봉사의 일을 하게 하며 그리스도의 몸을 세우려 하심이라 우리가 다 하나님의 아들을 믿는 것과 아는 일에 하나가 되어 온전한 사람을 이루어 그리스도의 장성한 분량이 충만한 데까지 이르리니 이는 우리가 이제부터 어린 아이가 되지 아니하여 사람의 속임수와 간사한 유혹에 빠져 온갖 교훈의 풍조에 밀려 요동하지 않게 하려 함이라 오직 사랑 안에서 참된 것을 하여 범사에 그에게까지 자랄지라 그는 머리니 곧 그리스도라 엡 4:11-15

그러므로 잘못된 길로 이끄는 온갖 술책을 사용하는 사람들의 교활함과 부정직한 속임수에 걸려들어 온갖 교훈의 풍조에 밀려 요동하는 일이 더 이상 우리에게 없을 것이다. 우리는 사랑 안에서 자라서 그분, 즉 우리의 머리이신 그리스도와 연합하게 될 것이다. 몸의 다양한 지체들이 서로 들어맞아 단단히 붙어 있는 가운데, 온몸은 그분을 의지하여 각 마디의 도움을 받고 각 지체에게 주어진 능력의 도움을 받아 자라며 사랑의 영 안에서 스스로를 세운다.

공동체의 화합
자기의 시간이 많이 남지 않았다는 것을 알았을 때 바울은 여러 가지 문제들에 대해 교훈을 주기 위해 디모데에게 이렇게 썼다.

그러나 성령이 밝히 말씀하시기를 후일에 어떤 사람들이 믿음에서 떠

나 미혹하는 영과 귀신의 가르침을 따르리라 하셨으니 딤전 4:1

분명히 바울은, 남에게 불쾌감을 주지 않게 말하는 기술
을 잘 훈련받지는 못했다. 여기서 '남에게 불쾌감을 주지
않게 말하는 기술'이라는 것을 오늘날 우리가 사용하는 표
현으로 바꾸어 말하자면, '정치적으로 올바르게 말하는 기
술'이다.

바울이 디모데에게 한 이 말은 불쾌감을 주는 표현이다.
그러나 미혹하는 영과 귀신의 가르침을 따르는 사람들이
현실 속에 있는 것 또한 사실이다. 바울은 이렇게 말한 후
에 다음과 같이 덧붙였다.

자기 양심이 화인을 맞아서 외식함으로 거짓말하는 자들이라 혼인을
금하고 어떤 음식물은 먹지 말라고 할 터이나 음식물은 하나님이 지으
신 바니 믿는 자들과 진리를 아는 자들이 감사함으로 받을 것이니라 하
나님께서 지으신 모든 것이 선하매 감사함으로 받으면 버릴 것이 없나
니 딤전 4:2-4

바울은 결혼하지 않았지만, 독신의 멍에를 다른 사람에

게 강요할 수 있는 권리는 누구에게도 없다고 보았다. 바울이 볼 때 결혼하기를 원하는 사람은 결혼할 수 있었다. 바울은 결혼을 하면 두 배의 고난이 있을 것이라고 말했지만, 그것은 어디까지나 결혼하는 사람의 선택일 뿐이었다 (고전 7:28). 다른 많은 이들과 마찬가지로 바울도 먹기를 좋아하는 사람이었다. 그는 검소하게 살았고, 또 눈물을 흘리며 금식하는 습관이 있었지만, 누구도 다른 사람에게 금식을 강요해서는 안 된다고 보았다.

공동체의 화합은 아주 중요하다. 불화가 생기면 성령님은 그분의 뜻대로 행하지 못하신다. 그래서 바울은 디모데에게 잘못된 교훈이 신자들 사이의 화합을 깨트리지 않도록 조심하라고 가르쳤다.

"성령님, 당신만이 경배를 받기에 합당하시오니 제가 당신을 찬양하며 경배합니다."

✔ 묵상 포인트

1. 그리스도의 몸의 화합이 얼마나 중요한지를 깊이 묵상하고, 개교

회에 적용해보라.

2. 화합을 깨트리는 것은 무엇인가?

3. 불화가 생겼을 때 당신 자신을 지키는 방법은 무엇인가?

chapter

11

—

성령님의 임재를
불편해하는 사람들

그들이 사도의 가르침을 받아 서로 교제하고 떡을 떼며 오로지 기도하

기를 힘쓰니라 행 2:42

우리가 다루어야 할 한 가지 문제를 간단히 말하자면, 교회가 성령충만하게 될 때 누가 불편을 느낄 것인가 하는 것이다. 나는 이 문제가 중요하다고 생각한다. 성령님이 매사에 주인이 되실 때 모든 이들이 편안한 것은 아니라고 믿기 때문이다.

성령님이 교회 안에서 일하시기를 모든 사람들이 간절히 바란다는 생각이 널리 퍼져 있다. "나는 성령님이 교회 안에서 일하시기를 바라며, 그것을 위해 기도하고 있습니

다"라고 많은 이들이 말하겠지만, 그들은 생활 속에서 기대감을 갖고 그것을 위해 기도한다는 징후조차 보이지 않는다.

주도권을 행사하는 사람들

성령님을 상대하는 것은 하나님을 상대하는 것이다. 하나님을 상대할 때 우리는 우리의 조건들이 아니라 그분의 조건들에 따라서 그분을 만나야 한다. 대부분의 사람들이 이것을 잘 모르고 있으며, 심지어 일부 그리스도인들도 모른다. 이런 사람들은 손가락 한 번 튕기면 하나님이 그들을 위해 움직이실 것이라고 믿는다.

이런 사람들은 교회가 성령충만해질 때 제일 먼저 불편해할 사람들이다. 그들은 그들이 원하는 것을, 그들이 원하는 때에 하나님께서 해주시기를 바란다. 그들의 의도가 좋은 것일 수도 있는데, 이 점에 대해서는 내가 문제 삼지 않는다. 그러나 그들의 의도가 성경에 근거한 것은 아니다. 성경은 모든 사람들에게 믿음이 있는 것은 아니라고 말한다. 교회라는 장(場) 안으로 들어오면 우리는 우리의 뜻과 의도를 접어야 한다.

나는 교회 안에 선한 사람들이 많다는 것을 인정하지만, 그들은 성령님이 누구이신지, 어떤 분이신지를 진짜 모른다. 그들은 성령님에 대한 교훈은 들었지만, 그 교훈을 실제 삶에 적용하여 그분께 복종하는 것은 모른다.

어떤 이들의 기도생활을 한번 보자. 그들의 기도는 그들이 원하는 것을 그들이 원하는 때에 얻겠다고 하는 동기에 단단히 뿌리박고 있다. 그들이 원하는 것이 성경의 분명한 교훈에 어긋나는 것임에도 불구하고 그들은 그것을 계속 원한다. 이런 사람들은 성령충만한 교회에서 매우 불편해 할 것이다.

'주일 아침' 신자

내가 볼 때, 성령충만한 교회에서 불편을 느끼게 될 또 다른 유형의 사람들은 '종교'라는 옷을 주일 아침에 입는 사람들이다. 주일 아침 예배가 끝나면 그 옷을 조심스럽게 벗어 곱게 걸어놓는다. 다음 주일까지 말이다!

날마다, 순간마다 그리스도와 동행하기를 원하는 사람들은 이런 유형에 들지 않으므로, 스웨터 입듯이 종교를 입지 않는다. 이런 사람들은 '신앙'이라는 옷을 하루도 빼놓지 않고 입는다. 성령님이 우리의 마음속에서 일하시려면, 우리가 성경에 뿌리를 둔 기대감을 갖고 한 주 동안 내내 그분께 우리 자신을 맡겨야 한다.

성령님이 오직 주일에만 일하신다고 말하는 성경구절은 하나도 없다. 그러나 이런 사람들은 주일이 성령님이 일하시는 때라고 생각한다. 만일 그분이 주일에 감동을 주시면 그들은 흥미를 느끼지만, 주일이 지나고 월요일 아침에 그 감동이 오면 그때는 아무런 흥미를 느끼지 못한다. 우리는 성령님에게 언제 일하시고 언제 일하지 않으셔야 할지를 지시할 권한이 없다.

역사 속에 있었던 부흥들을 보라. 성령님이 큰일을 이루셨던 과거의 경우들을 보라. 그러면 부흥이 교회의 변덕스런 기분에 따라 일어난 것이 아님을 알게 될 것이다. 부흥은 성령님이 그분의 때에, 그분의 방법으로 일으키신 것이었다.

성령님을 자기의 마음대로 움직이기 원하는 사람들은 성령충만한 교회에서 틀림없이 불편을 느낄 것이다.

즐거움을 추구하는 사람들

성령님이 교회에서 일하시는 것을 매우 불편해할 사람들의 무리가 또 있다. 그들은 연예오락과 즐거움에 중독된 사람들이다. 나는 즐겁게 해주는 연예오락적 요소가 성령님의 행하심에 없다고 말하지 않을 수 없다. 성령님은 종종 그분의 일을 시작하실 때 우리에게 익숙한 많은 것들을 뿌리 뽑으신다. 그분은 우리가 의지해 온 것들을 없애버리신다. 우리가 오로지 그분을 전적으로 의지하는 단계까지 나아가도록 하기 위함이다.

연예오락은 성령님 사역의 일부가 아니다. 많은 교회들은 즐겁고 재미있게 노는 것에 빠져버렸기 때문에 그분의 일하심을 방해한다. 사람들은 즐거운 시간을 갖기 위해 교회에 온다. 또 자기가 가려고 하는 곳이나 자기가 하려고 하는 일에 대해 긍정적 확신을 갖기 위해 교회에 온다. 목회자가 그들을 달래 주고 기분 좋게 해주는 동안에는 계속 교회에 출석한다. 그러나 성령님은 그런 식으로 일하지 않으신다. 그분은 당신을 달래 주거나 편안하게 해주시지 않는다. 그분은 현재 당신의 삶을 뿌리 뽑고 당신을 약간 불편하게 하실 것이다.

과거에 하나님의 큰일에 동참하여 일한 남자들과 여자들의 전기를 읽으면서 나는 한 가지 사실을 발견했다. 그들 모두는 생활방식과 성격이 달랐다. 서로 다 달랐다. 그러나 그들에게서 공통적으로 나타난 것은 그들의 삶이 혼란에 빠졌다는 것이다! 성령님이 어떤 사람을 상대로 일하시면 그의 삶이 혼란에 빠진다. 그분의 일하심으로 말미암아 자기의 삶이 혼란에 빠지는 것을 원하지 않는 사람들은 그분이 교회를 이끌고 나가실 때 불편해할 것이다.

이런 사람들과 동일한 입장에 있는 사람들이 또 있다. 그들은 교회가 재미있는 곳이 되기를 정말 바라는 사람들이다. 그들은 교회에 게임, 각종 활동, 교제, 회식, 피크닉 같은 것들이 넘치기를 원한다. 재미있는 것이 교회에 있으면 교회에 나온다. 하지만 주 예수 그리스도에게 초점을 맞추는 예배가 있다면, 바쁘다는 핑계로 나오지 않을 것이다. 교회에서 소풍 간다면 몰려들지만, 기도회에는 나오지 않는다.

지금은 재미있는 것을 좋아하는 세대가 교회를 이끌어나가고 있다. 이런 세대는 성령충만한 교회를 불편하게 느낀다.

거물급 인사

또 생각해 볼 것은 이것이다. 성령충만한 교회는 거물급 인사나 유명 인사가 되기를 갈망하는 사람들을 위한 발판이 되기를 거부한다. 성령님이 교회 안에서 일하기를 시작하시려면, 거물급 인사나 유명 인사가 자신에 대해 죽어야 한다. 성령님은 그런 사람들이 교회를 이끌고 나가는 것을 허락하지 않으신다.

그런데 유감스럽게도, 그런 일이 오늘날의 교회에서 벌어지고 있다. 목회자가 유명하지 않거나 거물급이 아니면 사람들이 교회로 몰려들지 않는다. 사람들은 유명 인사가 있는 곳으로 모이기를 좋아한다. 예배가 일종의 공연처럼 되어 버렸다. 그런 공연을 가장 잘하는 목회자가 사람들을 가장 많이 교회로 모이게 한다.

이런 목회자가 있는 교회로 몰려드는 사람들은 성령님이 이끄시는 교회에서 매우 불편을 느낄 것이다. 성령님은 거물급 인사나 유명 인사에게 절하지 않으시기 때문이다. 그분은 언제나 하나님이시다. 거물급 인사나 유명 인사를 보기 위해 교회에 오는 사람들은 예수 그리스도가 높아지시는 것을 매우 불편해한다.

나는 내가 앞에서 한 말을 반복하는 것을 전혀 개의치 않는다. 그렇기 때문에 앞에서 한 말을 다시 반복하자면, 성령님이 교회 안에 계신 목적은 예수 그리스도에게 영광을 돌리는 것이다. 그런데 예수 그리스도께서 거물급 인사나 유명 인사와 경쟁을 하셔야 한다면, 그분이 영광 받으시는 것은 불가능해진다.

슬프게도, 오늘날에는 거물급 인사들이 교회를 이끌고 나가는 경우가 많다. 외람된 말이지만, 그들은 교회를 망치고 있다. 만일 성령님이 어떤 주일에 예배의 주관자가 되신다면 이런 거물급 인사들은 몹시 불편해할 것이다. 현재, 이런 이들이 교회에서 주도권을 쥐고 있기 때문에 그들의 뜻대로 교회가 흘러간다. 중요한 것은 그들의 계획표다. 그들은 그 계획표대로 일하면서, 사람들에게 그 계획표를 따르라고 말할 것이다.

예배와 오락을 혼동하는 사람들

여기서 '찬송가 부르기'를 언급하는 것이 차라리 낫겠다. 오늘날의 교회들에서 이 '찬송가 부르기'는 통제를 벗어나 버렸다. 이것은 세상과 다를 바 없고, 세상에서 열리는 콘서트와 똑같다. 그러다 보니 주 예수 그리스도에게 영광을 돌리지 못한다.

'찬송가 부르기'가 오락이라고 생각하는 사람들은 성령 충만한 교회에서 즐겁지 못할 것이다. "찬송가를 부르는 것은 오락의 한 형태입니다"라고 내게 말하는 사람들도 있었다. 그들의 말이 맞다면 나는 죽을 때까지 찬송가를 부르지 않겠지만, 나는 그들에게 전혀 동의하지 않는다.

찬송가를 부르는 것이 오락이라고 믿는 사람들은 예배가 무엇인지에 대해 기본개념조차 없는 것이다. 예배는 예배하는 사람을 위한 것이 아니라, 예배를 받는 분을 위한 것이다! 현재 개교회에서 찬송을 부르는 것이 우리의 즐거움을 위한 것인가 아니면 주 예수 그리스도에게 영광을 돌리는 것인가?

내가 볼 때, 이 질문은 대답하기에 매우 어렵겠지만, 그래도 우리는 반드시 대답해야 한다. '찬송가 부르기'가 오락이라고 확실히 믿는 사람들은 성령충만한 교회에 오래 있지 못할 것이다.

내가 〈나 같은 죄인 살리신〉이라는 찬송가를 부른다면, 그것은 전능하신 하나님을 경배하는 것이다. 그러므로 '찬송가 부르기'가 오락의 한 형태라는 식으로 말하는 것은 신성모독에 가깝다.

보좌 주위에 있는 생물들은 "밤낮 쉬지 않고 이르기를 거룩하다 거룩하다 거룩하다 주 하나님 곧 전능하신 이여"(계 4:8)라고 외치며, 그들의 얼굴을 두 날개로 가린다. 이 생물들이 하는 것이 오락이라면 나는 '오락으로 사람들을 기쁘게 해주는 사람'이 될 것이다. 분명히 말하지만 보좌 주위에 있는 생물들이 하는 것은 오락이 아니다. 이 세상의 그 무엇보다도 나는 예배자이다! 교회는 예배를 드려야 하고, 예배와 오락은 정반대로 다른 것이다.

어떤 사람들은 성령충만한 예배 때문에 즐거움을 잃고 불편해하겠지만, 성령충만한 예배야말로 오늘날 우리의 교회에 필요한 것이다. 닷새 동안 밤마다 떠들며 노는 것보다 5분 동안 예배하는 것이 더 큰 치유의 기쁨을 준다. 하나님을 예배한 후 그 후유증으로 자살한 사람은 하나도 없다. 즐거움을 맛보기 위해 기를 쓰다가 탈진으로 자살한 사람들은 많다. 밖으로 나가 신나게 노는 데 열을 올리다가 25세가 되기도 전에 쇠약해지는 젊은 여자들이 많다.

문화적 그리스도인들

한 가지 부류에 대해 더 말하겠다. 종교를 문화적 가치로 이해해서 교회 다니는 사람들도 성령충만한 교회에서 즐겁지 못할 것이다. 이런 일은 도처에서 일어난다. 교회를 그 지역의 문화적 중심지처럼 여기는 사람들이 있다. 그들은 콘서트, 독서클럽, 소풍 같은 것들은 원하지만, 성령님이 그들 가운데서 일하시는 것은 정말 원치 않는다.

그들에게 있어서 개교회는 지역사회에 잘 적응할 수 있는 남편이나 아내를 얻고, 출세하고, 사업을 진척시키기 위한 곳이다. 이런 부류의 사람들은 성령님이 주도권을 행사하시는 교회에서는 편하지 않다. 그들의 계획표는 성령님의 계획표와 완전히 다르다.

지금까지 우리가 살펴본 이런저런 부류의 사람들을 생각할 때 우리는 성령충만한 교회에서 즐거움과 만족을 얻는 사람이 극소수임을 알게 된다. 아마 이런 이유 때문에 오늘날 복음주의 교회가 내리막길을 달리고 있는 것 같다. 성령님의 일하심에 초점을 맞추는 목회자들은 과거처럼 많은 교인을 모으지 못할 것이다. 대개의 경우, 사람들이 원하는 것들을 제공하는 목회자들이 많은 사람을 교회로 모이게 한다.

"거룩하신 성령님, 많은 이들이 당신의 임재를 환영하지 않지만, 저는 당신의 임재를 기꺼이 반기오니 날마다 제 삶에 찾아오시어 다스리고 지배하소서."

✔ 묵상 포인트

1. 성령충만한 교회가 당신의 생활에 어떤 영향을 줄지 생각해보라.

2. 어떤 경우에 당신은 불쾌감이나 혐오감을 느끼는가?

3. 당신이 개인적으로 바뀌어야 할 부분들이 있다면, 어떤 것들인가?

교회 안에서
일하시는 성령님

이는 성도를 온전하게 하여 봉사의 일을 하게 하며 그리스도의 몸을 세

우려 하심이라 우리가 다 하나님의 아들을 믿는 것과 아는 일에 하나가

되어 온전한 사람을 이루어 그리스도의 장성한 분량이 충만한 데까지

이르리니 엡 4:12,13

성도들이 해야 할 가장 중요한 일은 안수를 받고 성직자
로 일하는 것이라기보다는 그리스도의 몸을 세우는 것이
다. 모든 그리스도인들이 해야 할 일이 있는데, 그것은 무
엇보다도 그리스도의 몸을 세우는 것이다.

하나님은 어떻게 일하시는가?

우리가 탐구해야 할 문제는 하나님께서 그분의 일, 그분의 최종적 일, 그분의 영원한 일을 어떻게 이루시는가 하는 것이다. 우리가 하나님과 성령님에게 쓰임 받으려면 하나님이 어떻게 일하시는지를 알아야 한다.

나는 하나님께서 교회 안에서 그분의 일을 하실 때 사용하시는 네 가지 방법을 성경에서 찾았다.

1. 그리스도의 영광을 위한 헌신

첫째 방법은 그리스도인들이 오직 그리스도의 영광을 위해 헌신하는 것이다. 단지 공연자들을 받아들이는 것이 우리의 일은 아니다. 공연자들이 교회로 오고, 우리가 마련해준 종교적 무대에서 공연하고, 청중의 갈채를 받으며 인사하고, 그다음의 공연을 위해 교회를 떠나는 것이 하나님의 뜻이라고 우리는 믿지 않는다. 그분은 그런 식으로 일하지 않으신다. 그분이 일하시는 방법은 그분의 사람들 즉 선한 사람들을 통해 일하시는 것이다. 꼭 대단한 사람들을 통해서가 아니라 당신과 나 같은 평범한 사람들을 통해 일하신다. 성경이 '보통 사람들'이라고 아주 따뜻하게 이름 붙여준 사람들 말이다!

우리 시대의 정치인들은 '보통 사람들'이라는 표현을 즐겨 사용하지만, 그들의 정치적 목적을 위해 사용하는 것이다. 하기야, 맞는 말이다! 워싱턴에 보통 사람들이 너무 많은 것이 우리의 골칫거리다! 정치인들은 그들의 정치적 계산에 따라 이 표현을 쓸 뿐이다. 하지만 지금 나는 이 표현을 사심 없이 사용하고 있다. 그러니 내 말을 액면 그대로 받아들여라. 성경은 하나님께서 귀하게 여기시는 '보통 사람들'이라는 표현을 쓴다. '보통 사람들'은 언제나 예수님에게 복종했다. 물론, 대단한 사람들이 그분을 따른 몇몇 경우들이 없지는 않았지만, 대부분 '보통 사람들'이 그분을 추종했다. 하나님은 그리스도와 그분의 영광을 위한 '보통 사람들'의 헌신을 인정해주셨다.

2. 믿음의 기도

우리가 또 생각해 볼 것은 믿음의 기도다. 내가 당신께 "당신이 마지막으로 기도 응답을 받은 것이 언제였습니까?"라고 묻는다면, 당혹감을 느끼게 하는 질문이 될까? 하나님의 관심을 끌고 그분의 조건들을 만족시키고 성령님의 능력이 임하게 하는 기도가 믿음의 기도다.

3. 영적 은사들

우리는 영적인 은사들을 행사할 수 있다. 이 은사들을 행사하는 것이 사역의 전부다. 사람들이 가지고 있는 은사들이 있긴 하지만 그것으로는 충분하지 않다. 음악가들은 타고난 음악적 재능을 가지고 있다. 때때로 이런 은사들이 발휘되고, 우리는 그것들을 즐길 수 있다. 하지만 그런 식으로는 거룩한 일을 할 수 없다. 오직 성령님만 거룩한 일을 하실 수 있다.

4. 성령님의 능력

의미 있고 지속적인 사역을 이룰 수 있는 것은 오직 성령님의 능력이다. 다른 누구도 그것을 해낼 수 없다. 능력(동력)이라는 것은 언제나 필요한 것이다. 당신의 집에는 세탁기가 있을 것이다. 세탁기는 좋은 도구다. 옷을 넣고 물과 세제를 넣으면 세탁이 저절로 된다. 이렇게 일을 잘하는 것을 또 꼽으라면 냉장고를 들 수 있다. 라디오도 동일한 성격의 물건이라고 할 수 있을 것이다. 약간 추운 방에서 사용하는 난방기도 역시 마찬가지다. 현대생활 속에서 자주 우리의 귀에 들리는 가정용 제품들이 다 여기에 속한다.

전자제품들은 모두 어떤 특정한 일을 해내도록 만들어졌다. 그런데 만일 동력이 없다면 이 모든 것들은 아무 일도 못한다. 동력이 반드시 공급되어야 한다. 이와 마찬가지로 하나님의 일에서, 하나님의 교회에서 동력은 필수적이다.

어떤 일이든 간에, 그리스도인이 성령님의 동력(능력) 없이 일하려고 한다면, 차라리 다른 곳에 가서 노는 게 더 낫다. 설교자도 마찬가지이고, 가르치는 자도 마찬가지이고, 타고난 재능이 있는 자도 누구나 마찬가지이다. 하나님의 강력한 영이 힘을 주시고 소생케 하시고 창조성을 조용히 불어넣어 주셔야 한다. 만일 그렇지 않으면 교회가 존재할 수 없다.

하나님의 일을 할 경우, 그것이 어떤 일이든 간에 성령님이 주시는 에너지가 작용해야 그 일이 영원히 썩지 않을 방법으로 이루어지는 것이다. 하나님은 매우 부드럽고 친절하시지만, 육체에 대해서는 가차 없이 단호하시다. 즉, 육신과 교만한 육체에는 가차 없이 단호하시다. 육신과 육체는 아무리 재능이 있고 아무리 천재라 해도 성령님의 능력을 받을 수 없기 때문이다.

바로 이 점 때문에 육신은 고민에 빠진다. 바로 이 점 때문에 사역과 사역자가 침체되고, 영광을 주고 영광을 받으려는 육신적 욕구가 좌절감을 맛보고, 우리 모두의 깊은 마음속에 있는 명예욕이 파리해진다.

지금 우리가 해야 할 것은 회심하고 명예욕을 교회로 가져와 처리하는 것이다. 그렇지 않으면, 평생 하나님의 일을 한다고 하면서도 실상은 자기의 영광만을 추구하는 헛된 삶을 살게 될 것이다. 모든 영광이 하나님께만 돌아간다는 것은 육신에게는 매우 가혹한 것이다. 신령하지 못한 일을 추진하기 위해 인간이 사용하는 모든 방법들은 육체에 영양을 공급할 뿐이다. 그 방법들이 무엇인지에 대해서는 내가 이미 앞에서 밝혔다.

교회는 무엇을 지향해야 하는가

혹시 당신이 내게 이렇게 말할지 모르겠다. "토저 목사님이 목표로 삼는 것은 무엇입니까? 목사님 말씀대로 하면, 무슨 결과가 나오겠습니까? 목사님의 교회가 목표로 삼는 것이 있기나 합니까? 혹시 나무로 만든 말에 올라타 페인트칠을 한 갈기를 붙잡고 음악을 들으며 계속 빙빙 돌아가면서 '종교적 회전목마'를 즐기려는 것은 아닙니까? 그것이 목사님의 목표입니까?"

1. 기도의 응답

어떤 이들은 내가 '종교적 회전목마'나 타려고 한다고 생각할지도 모르겠다. 하지만 나는 그런 한심한 생각이나 하는 사람이 결코 아니다! 한 가지를 예로 들어 말해보자. 우리는 왜 교회에 모이는가? 그것은 한 무리의 사람들이 그리스도의 이름으로 모여 속량 받은 사람들의 성회를 이루고, 무엇보다도 기도의 멋진 응답을 받는 것이 하나님의 뜻이라고 믿기 때문이다. 교인들을 격려하고, 그들에게 활력을 불어넣고, 그들의 아래로 축 처진 손을 들어 올리게하고, 그들의 연약한 무릎에 힘을 주는 데 더 효과적인 것은 온 세상의 온갖 광고 수단들이 아니라 한 번의 기적적 기도 응답이다!

2. 하나님의 임재

그러므로 우리는 하나님의 임재를 믿는다. 그분의 임재를 방해하거나 망치는 것이라면 전부 배격한다. 우리의 발앞에 10만 달러가 있다 할지라도 그것을 취하는 것이 그분의 부드러운 임재를 방해하거나 어떤 식으로든 망칠 것이라고 생각된다면, 그 돈을 취하지 않을 것이다.

3. 부흥의 기적

우리가 또 생각해 볼 것은 부흥의 기적이다. 매우 젊은 설교자였을 때 나는 부흥에 대해, 또 부흥을 일으키는 방법에 대해 설교했다. 그때 했던 설교들을 적은 노트들이 아직도 내게 있다. 그런데 그동안 내가 배운 것은 부흥에 대한 설교를 하는 것은 매우 쉽지만, 부흥을 일으키는 것은 매우 어렵다는 것이다. 내가 말하는 부흥의 기적이라는 것은, 어떤 사람이 홀연히 새롭고 놀랍고 대단한 영적 체험을 할 때 교회 안에서 일어날 수 있다. 단 한 사람이라도 그런 체험을 한다면, 부흥이 찾아올 수 있다.

신앙집회나 위원회 회의는 좋은 것이고, 나는 그런 것들에 반대하지 않는다. 그러나 더 중요한 것은 단 한 사람이라도 능력의 성령으로 충만해지고 그의 주변의 모든 이들이 영향을 받는 것이다. 어떤 지역에서든, 어떤 분야에서든 일하는 사람에게 성령님이 임하시면 그 사람 주변의 모든 이들에게 그 영향이 미친다.

나는 어떤 대용품으로 부흥을 대신할 수도 없고, 부흥을 돈으로 살 수도 없다고 믿는다. 수송기나 선박을 통해 수입해 들어올 수도 없다. 성령님이 그분의 사람들에게 능력을 부어주시는 것 외에는 다른 부흥의 방법이 없다.

4. 기쁨

나는 하나님의 자녀들이 기쁨으로 충만해질 수 있다고 믿는다. 나는 선천적으로 낙천적인 사람이라고 불릴 만한 사람은 아니다. 특별히 명랑한 성격의 소유자가 아니다. 그렇지만 나는 주님의 기쁨이 그분의 사람들에게 힘을 준다고 믿는다. 나는 우리 주변의 슬픈 세상이 밝은 영적 빛으로 끌릴 수 있다고 믿는다.

그런데 어떤 교회들은 풀러 브러시 컴퍼니(the Fuller Brush Company)가 그들의 세일즈맨들을 훈련시키듯이 교인들을 훈련시킨다. 즉, 온 이빨들을 드러내며 미소 짓는 방법 같은 것들을 가르친다. 내가 어떤 교회에 들어가는데 인사법 훈련을 받은 사람이 내게 인사해서 악수를 하게 되면, 나는 훈련된 물개의 발을 붙잡고 흔드는 것 같은 기분이 든다. 그러나 성령님이 교회 안의 회중에게 임하시면 회중은 저절로 기쁨으로 충만하기 때문에 그 기쁨을 숨길 수 없고, 사람들에게 아주 좋은 영향을 준다.

오늘날, 사람들은 행복을 필사적으로 추구한다. 그렇지만 주변을 돌아보아도 우리를 기운 나게 하는 것은 전혀 보이지 않는다. 세상은 비극적으로 나빠 보인다. 라디오와 신문은 수소폭탄, 원자폭탄, 암, 소아마비, 그리고 관상동맥혈전에 대한 짧은 소식을 전하고 사람들은 근심걱정에 휩싸인다. 고등학교와 대학에 다니는 젊은이들은 그들의 표현대로 '학교는 다녀서 뭐하나?'라는 고민에 빠져 근심한다.

그리스도인들은 세상에서 가장 기뻐해야 할 사람들이다. 그들은 성경과 하늘의 하나님 밖에서 기쁨을 찾으면 안 되는 사람들이다.

5. 새로운 영적 체험

기도를 통해 하나님을 만나고 기도 응답을 받을 줄 아

는 사람들의 무리를 당신이 만나게 되는 경우가 생길 것이다. 새로운 영적 체험을 한 그 무리의 얼굴에서는, 아니 적어도 그 무리의 일부의 얼굴에서는 그 체험의 빛이 은은히 풍길 것이다. 내가 볼 때, 우리가 하나님의 백성으로서 형통할 수 있는 최고의 방법은 기도를 통해 하나님을 만나고 기도응답을 받는 것이다.

6. 사랑

또 생각해볼 것은 사람들을 사랑하는 문제다. 힘들이지 않고도 저절로 사랑하게 되는 사람들이 있기는 하다. 예를 들면, 부모에게 있어서 자식이 그렇다. 그렇지만 나는 사랑하겠다는 의지(意志)를 갖는다. 하나님의 도우심에 힘입어 나는 사람들을 사랑하려고 한다. 당신은 사랑하겠다는 의지를 가질 수 있다. 사랑은 감정이 아니다. 사랑은 의지인데, 주님은 우리에게 사람들을 사랑하라고 말씀하신다. 그분은 "사람들을 향해 사랑의 감정을 느껴라"라고 말씀하지 않으셨다.

7. 부흥을 위한 음악

우리에게 있는 또 하나의 선한 것은 기쁨에 찬 부흥 음악이다. 성령 하나님은 사람 안에서 노래하신다. "그 때에 새벽 별들이 기뻐 노래하며 하나님의 아들들이 다 기뻐 소리를 질렀느니라"(욥 38:7)라는 말씀이 성경에 나온다. 무엇을 행하시든지 간에 하나님은 음악을 곁들여 그것을 행하셨다.

당신은 그분이 천지를 만드실 때 새벽 별들이 기뻐 노래하며 하나님의 아들들이 다 기뻐 소리를 질렀다는 것을 아는가? 그분이 팔레스타인을 최종 목적지로 삼고 출발한 이스라엘 자손들을 인도하여 홍해를 건너게 하셨을 때 그들이 노래했다는 것을 아는가? 예수님이 십자가에서 돌아가시기 전에 그분과 제자들이 찬미하고 감람산으로 나아갔다는 것을 알았는가? 예수님이 죽은 자들로부터 다시 사셨을 때 "내가 … 회중 가운데에서 주를 찬송하리이다"(시 22:22)라고 말씀하셨다는 것을 알았는가? 교회의 모든 전승들에 따르면, 예수님의 부활에 대한 예언은 시편 22편에 나온다. 그분은 그분의 형제들 중에서 노래하셨다. 당신은 성령님이 오순절에 오셨을 때 교회가 '노래하는 교회'가 되었다는 것을 알았는가? 교회의 역사 속에서 영적 복이 새롭게 부어졌을 때마다 사람들이 '찬송하는 사람들'로 변했다는 것을 알았는가?

오늘날 우리가 부르는 찬송가들은 수백 년 전에 일어난 부흥 가운데 만들어진 노래들이다. 우리는 14세기에 있었던 '하나님의 친구들'(the Friends of God, 성직자와 평신도가 참여한 중세의 신앙 단체)의 부흥을 노래한다. 우리는 부흥을 경험한 모라비안 교도의 노래들, 종교개혁의 부흥을 일으킨 마르틴 루터의 노래들, 웨슬리 부흥 시대의 찰스 웨슬리의 노래들, 윌리엄 부스 장군의 부흥 시대의 구세군의 어떤 노래들을 부른다. 최근에 우리가 훌륭한 새 노래들을 만들어 내지 못하는 것은 부흥이 일어나지 않았기 때문이다.

만일 우리가 하나님의 영적 복을 임하게 할 수 있다면(사실, 우리는 그런 복이 우리에게 임하게 해야 한다), 과거 시대에 만들어진 노래들에 맞먹는 새 노래들을 만들 수 있을 것이다. 그리고 그런 새 노래들은 하나님이 행하고 계신 일들을 아주 잘 반영하는 노래들이 될 것이다. 그런 의미에서, 과거의 노래들 중 어떤 것들을 되살려서 다시 활용하는 것도 좋은 방법이 될 것이다.

웨일스 부흥이 일어났을 때 캠벨 모건(G. Campbell Morgan, 1863~1945. 런던의 웨스트민스터 교회에서 목회했던 그는 강해 설교의 대가로서 마틴 로이드 존스의 선임자이다)은 런던의 그의 교회를 떠나 웨일스의 교회들을 방문했다. 당시 런던에 있는 그의 웨스트민스터 채플의 교인들은 찬송을 아주 잘 불렀다. 그럼에도 불구하고 그는 웨일스에서 돌아와서 설교단에 섰을 때 교인들을 이렇게 꾸짖었다.

"여러분은 평생 찬송을 잘 부른 것이 아닙니다. 내가 웨일스에 가보니까 평생 들어보지 못한 찬송이 울려 퍼졌습니다."

웨일스의 신자들은 더욱 강한 기쁨과 확신 가운데 찬송했기 때문에 다른 사람들에게 회오를 일으키고, 그들이 다시 믿음으로 돌아오도록 도움을 주었다. 하나님의 사람 몰간은 양쪽의 찬양이 꽤 다르다는 것을 깨닫고 그의 교인들을 꾸짖었던 것이다.

나는 '찬송 부르기'가 중요하다고 믿는다. 또 기쁨에 찬 '찬송 부르기'의 중요성을 믿는다. 다음과 같은 캠프 송(camp song)을 불렀을 때처럼 말이다!

저는 어둠이 당신 앞에서 빛이 되게 하겠나이다.

잘못된 것을, 당신 앞에서 바로 잡겠나이다.

당신의 모든 싸움들을, 당신 앞에서 싸울 것이나이다.

그리고 높은 곳이 낮아지게 할 것이나이다.

_ 찰스 P. 존

8. 설교단에서 선포되는 말씀

마지막으로 생각해 볼 것은 설교단에서 선포되는 선한 말씀이다. 나는 이 시대의 아주 훌륭한 설교자가 결코 아니지만, 설교단에서 선한 말씀을 전하려고 성실히 노력한다. 살아 계신 하나님의 말씀 말이다!

교인들이 성경을 삶 전체에 적용하도록 그들에게 성경 66권을 자세히 설명해주고, 진리를 말해주고, 성경 본문을 쉽게 풀어주고, 성경의 이야기들을 통해 성경의 의미를 더욱 분명히 이해시켜 주는 설교자가 교회마다 있어야 한다. 당신은 이 세상의 다른 무엇보다 하나님의 뜻을 더 원하고 그분의 영광만을 생각하는 고결한 마음만 가지면 된다.

동기를 점검해야 한다

중요한 것들을 나열하자면 이렇다. 하나님의 말씀 즉 성경, 아름다운 찬송가, 기도 응답, 어떤 그리스도인의 도움을 받아 슬픔에서 벗어나 충만한 기쁨을 맛보는 것, 기분 좋은 다정함, 설교단에서 선포되는 말씀, 서로에게 보이는 관심과 사랑. 이런 것들이 가장 중요하다.

우리가 성령님의 능력 가운데 그분의 은사들을 사용할 때 세상의 눈에는 우리의 열매가 작게 보이겠지만, 우리의 열매는 영원히 썩지 않을 것이다. 나는 바로 그런 열매를 목표로 삼는다. 당신의 열매가 영원할 것이라고 내가 장담할 수 없다면, 나는 한 푼의 돈도 받지 않을 것이고, 당신의 시간을 1분도 빼앗지 않을 것이다.

그런데 당신의 열매가 영원할 것이라는 내 장담에 한 가지 단서를 달 수 밖에 없는데, 그것은 은사들을 사용하는 당신의 동기(動機)가 하나님의 뜻에 부합해야 한다는 것이다. 가장 중요한 것은 동기다. 그런데 내가 당신의 동기를 모르니 단서를 달지 않을 수 없다. 물론, 하나님의 은혜가 함께하면 당신의 열매는 영원하며, 당신은 당신이 세상을 떠난 후에도 오랫동안 이 땅에 남아있게 될 것을 이룰 수

있다. 당신이 떠난 후에도 당신의 노고의 열매가 이 땅에
남아 있는 것은 정말 멋진 일이 아닌가!

"성령님, 당신의 인도하심은 제 삶과 교회에 절대적으로 필요합
니다. 제 삶에 대한 완전한 통제권을 당신께 드리오니 영광 받
으소서."

✔ **묵상 포인트**

1. 성령님이 주시는 감동을 마지막으로 느꼈던 때를 생각해보라.

2. 그때 성령님은 당신의 생활 속에서 어떻게 나타나셨는가?

3. 당신의 생활과 환경 속에서 나타난 성령님의 사역의 결과가 당신
   의 삶을 어떻게 바꾸어놓았는가?

ALIVE IN THE SPIRIT

동행하시는
성령님,
그 능력 안에서 살아가라

성령님의 능력 안에서
살아가라

항상 배우나 끝내 진리의 지식에 이를 수 없느니라 딤후 3:7

나는 한 가지 중요한 사실을 강조하고 싶다. 그리스도 인으로서 우리는 우리의 삶을 진공 상태에서 살아갈 수 없다. 우리가 진공 상태에서 사는 것은 전혀 불가능하다! 그리스도인이라는 우리가 엄청나게 큰 유리공 안으로 들어가 그 속의 공기를 다 빼놓고 공중에 둥둥 떠다니며 사는 것 같은 삶을 살 수는 없다. 우리는 '우리의 시대'라고 부르는 것과 관계를 맺으며 살아가야 한다.

우리가 살고 있는 시대

모든 사람은 그의 시대와 어떤 식으로든 관계를 맺으며 살아가야 한다. 예수 그리스도, 바울, 요한, 야고보, 베드로, 루터, 웨슬리, 녹스, 그리고 현대에 이르기까지 모든 이들이 그랬다. 하나님의 말씀, 즉 성경에 무지하지 않고 성경을 잘 알았던 그리스도인이라면, 그 누구도 그의 시대와 완전히 담 쌓고 살려고 하지 않았다.

'우리의 때' 또는 '우리의 시대'라는 말이 그리스도와 그분의 사도들에 의해 사용되었다. 어떤 특징이나 현상이 어떤 특정 시기에 두드러지게 나타날 때 우리는 그 시기를 '시대'라는 말로 표현한다. 예를 들면, 우리는 '힘들고 어려운 시대'라는 말을 흔히 사용한다. 우리 주 예수 그리스도께서는 종교 지도자들을 심하게 비판하셨는데, 그 이유는 그들이 그들의 시대를 몰랐기 때문이다.

그리스도께서 이 표적을 구하는 자들에게 등을 돌리셨다는 사실에는 깊은 의미가 담겨 있다. 이 바리새인들과 서기관들은 예수님 당시의 종교 지도자들이었다. 그들은 예수님이 그분이 주장하시는 그런 분이심을 증명해줄 기적을 요구했다. 그러나 우리 주님은 이렇게 말씀하시며 그들을 호되게 꾸짖으셨다.

> 예수께서 대답하여 이르시되 너희가 저녁에 하늘이 붉으면 날이 좋겠
> 다 하고 아침에 하늘이 붉고 흐리면 오늘은 날이 궂겠다 하나니 너희가
> 날씨는 분별할 줄 알면서 시대의 표적은 분별할 수 없느냐 마 16:2,3

사실, 당시 표적들이 그들 주변에 널려 있었다. 시대의 도덕적, 종교적 및 정치적 표적들 말이다. 그럼에도 불구하고 그들은 예수님이 그분의 주장대로 하나님의 아들이시라는 것을 증명하는 모종의 기적을 행하라고 그분께 요구했다.

과거의 어떤 때에는 나도 사도들의 경고에 대한 메시지를 전하기 원했지만, 지금은 별로 그러고 싶지 않다. 사실, 나는 지금의 우리의 상황이 그런 메시지를 전혀 필요로 하지 않는 상황이면 좋겠다. 이런 내 심정을 밝혔으므로, 내가 그런 메시지를 말이나 글로 극히 드물게 전하는 것을(어쩌면, 필요한 만큼 자주 전하지 않는 것을) 이해해주기 바란다.

이 시대에 설교자들의 귀에는 "누구의 감정도 상하게 해서는 안 됩니다. 이 시대와 보조를 잘 맞추는 교양 있는 사

람이 되어야 한다는 것을 잊지 마십시오"라는 말이 들린다. 그러나 나는 바울이 디모데후서 4장 3절에서 돼지우리만큼 악취를 풍기는 경우를 비유로 들고 있는 것을 말해주고 싶다. 바울의 시대에 돼지들이 걸리는 병이 있었는데, 그것은 귀가 가려워지는 병이었다. 가려움에서 벗어나려고 돼지들이 할 수 있는 유일한 것은 바위에 귀를 대고 강하게 문지르는 것이었다. 역사상 가장 지적인 여섯 명 중 하나라고 일컬어지는 이 지적인 사람 바울은 말세에 딱 들어맞는 유일한 비유가 귀가 가려워지는 병에 걸린 돼지들이라고 생각했다. 바울은 말세의 사람들이 귀가 가려워서 선생들을 많이 둘 것이라고 말했다.

또한 바울은 디모데후서 3장에서 말세의 때가 어떠할 것인지에 대해서도 미리 말했다. 나는 그가 말한 말세의 때가 바로 지금이 아닌가 하는 의구심이 든다. 예를 들면, 그는 "사람들이 자기를 사랑하며"(딤후 3:2)라고 말했다. 나는 당신에게 "지금 이 시대가 이기심의 시대가 아닌가?"라고 묻고 싶다. 나는 "바로 지금이 사람들이 자기 자신을 자랑하는 시대가 아닌가?"라고 묻고 싶다. 바울은 지금 교회에 대해 말하고 있다. 세상에 대해 말하는 것이 아니다. 그는 세상에 대해 이러쿵저러쿵하며 시간 낭비하는 것이 아니라 교회, 즉 종교계에 대해 말하는 것이다. 그는 이 시대에 '자랑하는 자들'이 있다고 말한다. 그리고 사람들이 부모를 거역하며, 쾌락 사랑하기를 하나님 사랑하는 것보다 더하며, 경건의 모양은 있으나 경건의 능력은 부인한다고 말한다(2-5절). 이런 것들이 바로 우리 시대 사람들의 특징인지 아닌지 판단해보라.

또한 바울은 어떤 여자들이 항상 배우나 끝내 진리의 지식에 이를 수 없을 것이라고 말한다(7절). 지금 우리는 세계 역사상 그 어느 때보다 더 많은 성경을 인쇄하고, 그 어느 때보다 더 많은 신앙잡지를 출판한다. 역사적으로 볼 때, 성경학교와 신학교와 대학이 지금 가장 많다. 지금 이 시대의 사람들이야말로 항상 배우나 끝내 진리의 지식에 이르지 못하는 것 같지 않은가? 지금 사람들은 건강하고 건전한 교훈을 싫어하기 때문에 그런 교훈을 비틀어서 기괴하게 만들어버린다. 귀가 가려워서 종교지도자들을 찾아가지만, 그 지도자라는 사람들은 귀를 긁어주겠다고 하면서 바른 교훈을 허탄한 이야기로 바꾸어버린다.

우리의 시대를 어떻게 규정하든지 간에 한 가지 확실한

것은 이 시대가 점점 악해질 거라는 것이다. 내가 그리스도인인 당신에게 말하고 싶은 것은 시대의 상태가 더 좋아지지 않고 오히려 더 나빠진다는 것이다. 그리스도인들은 활동의 강도를 높이고 기독교 홍보를 증가시키면서 스스로 착각에 빠진다. 이런 현상은 놀란 소떼가 갑자기 우르르 몰려가는 것처럼 앞을 다투어 증가하고 있으며, 유혹에 넘어가거나 성공에 도취하는 가운데 더욱 늘어나고 있다.

언젠가 어떤 철학자는 "어떤 것들의 경우에 있어서, 당신은 그것들에 더욱 능숙해질수록 그만큼 더 나쁜 인간이 된다"라고 말했다. 성공에 도취한 사람은 "나의 성공은 내가 옳았다는 것을 증명해준다"라고 말하는 사람으로 변해 간다. 그러나 만일 어떤 사람이 잘못된 것에서 성공했다면, 그것은 그가 실패했을 경우보다 더 잘못된 사람으로 변했음을 증명해줄 뿐인데, 왜냐하면 그가 잘못된 것을 더욱 능숙하게 할 수 있게 되었기 때문이다.

우리가 또 생각해볼 것은 사람들의 무리가 우리에게 에너지를 불어넣어 줄 수도 있다는 것이다. 무리는 심약한 사람이 자신감을 갖고 과감하게 행동하도록 만드는 데 가장 효과적이다. 소심한 공처가를 가운데 두고 그의 둘레에 많은 사람들이 모이면, 군중의 에너지가 묘한 심리적 삼투 작용(滲透作用)에 의해 그 공처가의 얇은 피부를 뚫고 그 사람 속으로 들어갈 것이다. 그러면 그는 잠시 동안이나마 기가 살 것이다. 군중에게 둘러싸여 있기 때문이다.

이런 심리적 현상은 심약한 남자가 큰 안경을 쓰고, 아버지가 사준 오토바이의 소음기를 떼어내고 오토바이에 앉아 굉음을 내며 골목을 돌 때 아주 잘 나타난다. 이 사람은 굉음을 내는 실린더에서 어떻게든 에너지를 끌어내어 존재감을 느낀다. 불쌍하게도, 그 큰 엔진에서 나오는 힘 말고 그 사람 자체에서 나오는 힘은 없다! 나는 그에게 동정심을 느낀다. 그가 그의 두 발로 우뚝 서서 더 이상 엔진의 힘에 의지하지 않아도 될 날이 속히 오기를 바랄 뿐이다.

시대에 반응하는 법

지금 이 시대의 교회가 선택할 수 있는 것은 다음 두 가지 가능성 중 하나다. 첫째, 기회주의자가 되어 세상 지도자들을 따라 하면서 영원한 가치를 희생시켜 현세의 성공을 얻는 것이다. 오랜 세월 동안 세상을 겪어보고 세상을 알아온 내가 이 점에 대해서 더 이상 길게 얘기할 필요는 없을 것 같다. 이미 당신은 내가 무슨 말을 하려는 지를 충분히 알고 있을 것이다. 하나님이시여, 도우소서!

둘째, 산으로 올라가 우리를 위한 본(本, 히 8:5)을 보고 내려와 우리의 정체성을 확실히 붙들며 '선택받은 무리'(세상적 권리를 박탈당한 소수의 무리)의 고결함을 유지하는 것이다. 노아의 경우처럼 우리의 믿음, 우리의 삶 그리고 우리의 도덕적 삶은 권리를 박탈당했고 거부당했지만, 우리는 우리의 고결함을 지키고 방주 안으로 들어갈 수 있다. 우리는 물속으로 가라앉지 않고 물 위에서 떠다닐 수 있다. 물과 접촉하고 있지만, 가라앉지는 않는다.

그렇다면 우리는 세상과 어떤 식으로 관계를 맺어야 하는가? 노아의 방주와 홍수로 생긴 큰물 사이의 관계를 비유로 들면, 이 관계가 쉽게 이해될 것이다. 노아의 방주가 그의 시대를 벗어날 수는 없었다. 그런데 방주는 요동치며 넘실거리는 심판의 물 위를 떠다녔지만, 방주 안으로는 물방울 하나도 튀어 들어오지 않았다. 방주는 그 아래에서 격렬히 넘실거리는 심판의 물과 섞이지 않았다. 방주는 완전히 물 위에 떠있었고, 방주 안에 있는 하나님의 사람들과 방주 아래의 짠 물은 서로 완전히 분리되었다.

그러므로 우리는 이 방주의 비유를 우리 자신에게 적용하여, 우리 자신을 '왕 같은 제사장'과 '거룩한 나라'로 보면 된다(벧전 2:9).

우리 모두는 제사장이다

나는 '목사'(minister)라는 직분이 있어야 한다고 믿고, 또 목사 안수 제도에 찬성한다. 반대하지 않는다. 다만 내가 말하고 싶은 것은 안수 받은 목사만이 제사장(priest)은 아니라는 것이다. 하나님의 사람들은 모두 제사장이다. '왕 같은 제사장'이다. 지금 나의 이 글을 읽으면서 혼자 속으로 "나는 제사장하고는 지극히 거리가 먼 사람이다"라고 생각할 수도 있는 지극히 평범하고 겸손한 사람도 제사장이다. 당신이 정말로 그리스도인이라면 어느 목사나 감독처럼 '지극히 높으신 하나님'의 제사장이다. 그러므로 우리 그리스도인들은 제사장들의 무리이다. 하나님 앞으로 나아가기 위해 우리가 제사장을 찾아가야 할 필요는 없다. 우리가 제사장이다. 우리 각자 한 사람, 한 사람이 제사장이다. 이 땅의 어떤 다른 제사장의 중개 없이 하나님의 존전으로 나아갈 수 있다.

하나님은 이런저런 은사들을 주시는데, 전통적으로 교회는 그런 은사들을 지목해서 인정해 왔고, 사람들을 선택해서 안수하고 "우리는 이 사람이 하나님의 은사를 받았으므로, 우리에게 설교하고 우리를 인도할 것이라고 믿는다"라고 선포했다. 이것은 모든 교파들에서 전통적으로 해온 것이다. 나는 이런 것에 반대하지 않고, 이것이 옳다고 믿는다. 그렇지만 이 사람을 선택하여 "지금 우리가 안수하여 사역을 맡기는 이 은사 받은 형제는 제사장이고, 그 밖의 나머지 사람들은 그에게 복종할 뿐이다"라고 말해서는 안 된다. 결코 안 된다! 모든 그리스도인들은 하나님 앞으로 나아갈 권리가 있다. 그 권리는 현재 이 세상에서 가장 유명한 목사의 권리만큼 크다.

권능은 적극적인 것이다

우리는 어떤 것들에 반드시 저항해야 한다. 그 저항이 힘들지 않은 것일 때에만 저항해서는 안 된다. 그 저항을 통해 우리의 이름을 드러낼 수 있을 때에만 저항해서도 안 된다. 우리는 바알의 제단에 미소를 보내서는 안 된다. 하나님은 이것을 내게 가르치시기 위해 거의 30년 전에 나에게 "너는 그들의 신을 경배하지 말며 섬기지 말며 그들의 행위를 본받지 말고 그것들을 다 깨뜨리며 그들의 주상을 부수고"(출 23:24)라는 말씀을 주셨다.

40년 동안 무릎 꿇고 우상을 숭배해 온 사람은 누군가 찾아와 그의 우상을 넘어뜨려 부수면 크게 반발할 것이다. 그 사람은 우상을 부순 사람에게 "그러지 마십시오! 저는 당신에게 환멸을 느낍니다!"라고 말할 것이다. 그러나 우상을 버릴 수 있는 지금 이 때에 환멸을 느끼는 것이 가만히 있다가 가브리엘의 나팔소리를 듣는 것보다 훨씬 더 낫다.

그런데 우리가 반대하는 것들이 우리의 믿음의 주된 내용이 되어서는 안 된다. 우상들을 부수거나 어떤 것들에 반대하는 것이 우리에게 승리와 성공을 안겨주는 것은 아니다. 성경은 "성령이 너희에게 임하시면 너희가 권능을 받고 … 내 증인이 되리라"(행 1:8)라고 말한다. 권능은 무엇인가를 이룰 수 있는 능력이지 무엇인가를 파괴할 수 있는 능력이 아니다.

권능이라는 말은 적극적 의미를 가진 단어이지 소극적 의미의 단어가 아니다. 예수님이 그분의 교회에게 권능을 약속하셨을 때, 그분의 말에는 "너희가 악에 대항할 수 있는 권능을 갖게 될 것이다"라는 뜻도 들어 있는 것이 사실이지만, 이것이 그분의 말씀의 1차적 의미는 아니다. 그 1차적 의미는 선을 행할 수 있는 능력을 가리킨다.

진리를 말하는 사람이 거짓에 대항하는 것을 회피해서는 안 되지만, 그가 거짓에 대항하겠다는 의도에서 진실을 말하는 것은 아니다. 자기의 사업을 정직하게 하는 여자는 부정직한 것에 대항하지만, 자기가 부정직한 것에 대항하는 것이라고 생각하지는 않는다. 예의 바른 십 대 소년은 예의 바르지 못한 것에 저항해야 하지만, 예의 바르지 못한 것에 저항하는 데서 만족감을 얻는 것은 아니다. 단지 그는 예의 바름을 추구할 뿐이며, 그것이 그의 능력이다.

성경은 행하고 증언할 수 있는 능력을 우리에게 준다. 우리는 보고 듣고 느끼고 경험한 것을 말해야 한다. 그리고 이 모든 것의 중심은 예수 그리스도이시다. 그래서 그분은 "너희가 … 내 증인이 되리라"라고 말씀하신 것이다. 증인은 현장에서 본 것을 말하는 사람이다. 증인은 법정에 출두하여 증인석에 앉는다. 그는 "당신이 본 것은 무엇입니까?"라는 질문을 받게 되는데, 만일 "내가 본 것은 전혀 없고, 내 장모님이 내게 말씀해준 것은 압니다"라고 대답한다면, 그는 곧 증인석에서 내려와야 할 것이다. 재판 관계자들은 그의 장모가 그에게 말해준 것을 듣기를 원하는 것이 아니라, 그가 사건이 일어난 날 밤에 듣고 본 것을 알기 원한다.

바알의 대안을 찾아라

듣거나 본 것이 없는 그리스도인은 다른 사람의 우상을 부수어버릴 권리가 없다. 이렇게 말하면 내가 오해받을 수도 있겠지만, 나는 그릇된 우상들을 부순 다음에 여호와를 경배하지 않을 바에는 차라리 바알을 경배하겠다. 바알 숭배자들에게는 적어도 바알이라는 숭배 대상이 있었다. 여호와를 알지 못하는 거짓 선지자는 사람들을 갈멜 산으로 불러들일 권리가 없었다. 엘리야는 더 좋은 것을 백성에게 줄 수 있었다. 그런데 그것이 400명의 바알 선지자가 패배하고 백성이 "여호와 그는 하나님이시로다 여호와 그는 하나님이시로다"(왕상 18:39)라고 소리쳤을 때 가능했다는 것을 기억하라.

여기서 우리가 강조해야 할 것은 바알의 파괴가 아니라 여호와의 발견이다. 참 하나님을 모르는 사람은 우상을 파괴할 권리가 없다. 나쁜 것 대신에 좋은 것을 줄 수 없는 사람은 나쁜 것에 저항할 권리가 없다. 바른 길을 가지 않는 사람은 그릇된 길을 가는 사람을 비판할 권리가 없다.

우리를 심하게 압박하는 것이 우리를 둘러싸고 있다. 우리는 어디를 가든 거의 모든 곳에서 옛 바알과 마주치게 되지만, 그것을 향해 나아가 적극적 행동을 하지 않고 슬그머니 뒷걸음질친다. 그러나 누가 뭐래도 이 세상에서 가장 중요한 것, 즉 복음의 메시지가 우리에게 있다. 어디에서든 우리의 모든 필요를 채워주실 수 있는 그리스도가 계시므로, 우리는 학식이 많은 사람들이나 세상이나 세상의 종교들에게 무릎 꿇을 필요가 없다. 우리는 심리학자 앞에서 무릎 꿇을 필요가 없다. 그가 우리의 마음속에서 일어나는 모든 것을 다 아는 것이 아니기 때문이다. 우리는 단한 분을 빼놓고 그 누구에게도 무릎 꿇을 필요가 없다. 그한 분은 죽은 자들로부터 부활하여 전능자 아버지 하나님 우편에 앉아 계시며, 유일한 왕관을 쓰고 계신 그리스도이시다. 그분은 하늘과 땅과 지옥의 주님이신 우리 주 예수 그리스도이시다.

그러므로 당신과 나는 사람들에게 무엇인가를 보여주어

야 한다. 복음주의를 대신할 수 있는 것을 제시할 수 없는 사람이 복음주의가 얼마나 나쁜지를 역설하는 것은 아무 유익을 주지 못한다. 어떤 사람들은 내가 행하고 있는 것을 좋아하지 않는다. 내가 믿는 것을 좋아하지 않는다. 좋다! 그런데 그런 사람들에게 있는 것은 무엇인가? 그들은 대안을 갖고 있는가?

큰 은혜를 받은 교회는 우상들을 깨부술 수 있다. 그것들이 있던 자리에 다른 무엇을 갖다 놓을 수 있기 때문이다. 우리에게 임하는 큰 은혜와 큰 능력 없이 우리의 입장을 주장하는 것은 '스게와의 일곱 아들'처럼 되는 것이다. 스게와의 일곱 아들이 악귀에게 명하여 어떤 사람에게서 나오라고 했을 때 악귀가 그들에게 "내가 예수도 알고 바울도 알거니와 너희는 누구냐"(행 19:15)라고 대들었다.

그러므로 나는 우리가 어떤 것에 반대하는 자들이 아니라 어떤 것을 주장하고 권하는 자들이 되도록 하나님이 도우시기를 바란다. 우리가 권할 수 있는 것이 있을 때에만 우리가 어떤 것에 반대해야 한다. 우리가 권할 수 있는 것은 우리가 혹시라도 반대하게 될 것보다 무한히 더 중요하다. 그러므로 우리의 메시지와 생각과 기도의 95퍼센트는 우리가 권하는 것에 투자되어야 한다.

"성령님, 당신은 당신의 말씀이 진리임을 제게 가르쳐주셨습니다. 제 삶을 통해 그 진리가 제 주변 세상에 선포되게 하소서."

✔ 묵상 포인트

1. 당신은 당신의 믿음의 정당성을 어떻게 변호해왔는가?

2. 당신이 진리에 따라 살았을 때 어떤 결과가 있었는가?

3. 당신이 진정으로 내세우는 것은 무엇인가?

성령님의 열매가
교회를 지탱한다

오직 성령의 열매는 사랑과 희락과 화평과 오래 참음과 자비와 양선과

충성과 온유와 절제니 이같은 것을 금지할 법이 없느니라 갈 5:22,23

그리스도의 교회가 추구하는 도덕적 목표가 있다. 그것
을 위해서 그리스도께서 죽으시고 부활하셨다. 그리고 그
것을 위해서 성령님은 여기 이 땅에서 사람들을 상대로 일
하신다. 그것은 성령님의 모든 속성들 즉 사랑과 희락과
화평과 오래 참음과 자비와 양선과 충성과 온유와 절제를
인간의 인격 안에 만들어놓는 것이다. 이런 속성들은 물론
성령님 안에서 발견된다.

낮 시간에 우리 머리 위의 하늘의 상태가 어떤지 당신은

아는가? 햇살은 태양에서 나오는 빛의 한 종류로서 우리에게 내리쬔다. 황금빛의 기미를 조금 띄기도 하지만, 어디에서나 우리에게 익숙한 정상적 빛의 흰색에 가깝다. 특정 모양으로 만들어진 유리 덩어리에 빛을 관통시키면, 햇살은 한 가지 빛이 아니라 프리즘을 통해 구별되는 여러 가지 빛이라는 것이 드러난다. 한쪽에는 가시광선이 있고, 스펙트럼을 따라 내려가면 반대쪽에는 너무 길어서 볼 수 없는 빛의 파동이 있다. 프리즘을 사용하면 약 일곱 가지 색들, 즉 햇살의 색들이 우리의 눈에 보인다.

하나님은 자신을 빛이라고 부르시고, 예수님은 '공의로운 해'(말 4:2, the sun of righteousness)라고 불리시며, 하나님은 그분에 비유되시기도 한다. 하나님은 해요 방패이시다(시 84:11). 성령님은 아버지의 영이시며 아들의 영이시다.

우리는 "영화로신 주 성령 나의 마음 비추사 어둠 몰아내시고 밝게 하여주소서"(앤드류 리드, 1817)라고 노래한다. 마치 햇살처럼, 성령님은 한 분이시지만 인간의 마음 안에 들어오시면 여럿으로 나누이신다. 빛이 프리즘을 통과하면서 여러 색으로 나누이듯이, 성령님의 성품도 나누이신다. 성령님이 주시는 그분의 성품은 사랑과 희락과 화평과 오래 참음과 자비와 양선과 충성과 온유와 절제다(갈 5:22,23). 비록 이것들이 하나의 본질에서 나오고, 이것들 중 어떤 하나가 없으면 다른 것도 없게 되지만, 그래도 나는 이것들 하나 하나를 각각 살펴보려고 한다.

사랑

성경은 사랑이 성령의 열매라고 가르친다. 오늘날 유일하게 존재하지 않는 것이 사랑이라는 데 온 세상이 동의할 것이라고 나는 생각한다. 신문을 읽거나 라디오를 듣거나 정치 논쟁을 듣거나 교육에 관한 논쟁을 듣거나 그 밖의 거의 모든 문제들에 대해 들을 때에는 반드시 대립, 적의, 증오가 등장한다. 하나님은 사랑이시지만 세상은 증오로 가득 차 있다.

미움으로 가득 찬 인간의 마음속에 사랑의 하나님의 성품을 심어서, 그 성품이 인간의 마음속에서부터 '사랑의 빛'을 발하도록 하는 방법은 무엇일까? 하나님은 이것을 그분 자신의 문제로 삼으셨다. 전지전능하신 그분은 이 문제를 해결하실 수 있고 또 실제로 해결하신다. 그분은 사랑의 원천을 인간의 마음속에 보내신다! 성령님은 하나님

의 사랑을 우리의 마음에 풍성히 부어주신다. 이런 찬송가
에서 볼 수 있듯이.

저 아래 골짜기 향긋한 백합들 사이로
내 사랑하는 분이 걸으시니, 그분의 발자국이 보이네.
서둘러 당신을 따르오니, 구주 내 사랑이시여,
바람이 당신의 귀한 이름을 제게 속삭이나이다.
_ H. M. 브래들리

우리 그리스도인들이 어찌하여 지금 이렇게 되고 말았
는가? 우리는 지금 차갑고, 몹시 언짢아하고, 인상 쓰고 있
지 않은가? 그러나 우리는 사랑에 빠진 남자들과 여자들이
되어야 한다. 사랑에 빠지면 사람이 달라진다는 것은 삼척
동자도 잘 안다. 저급하고 천하고 미친 세상은 외설적인
목소리로 사랑을 노래하지만, 그래도 그 노래들의 노랫말
이 틀린 것은 아니다. 알 졸슨(Al Jolson, 1886~1950. 미국의 가수
및 배우)이 썼듯이, 사람이 사랑에 빠지면 "내 어깨를 무지개
가 둘러싸고 있네!"라는 고백이 나오게 된다.
    그렇다면 이제 최대한 빠른 발걸음으로 달려가 '하나님

의 사랑'이라는 더 고상하고 더 거룩한 것을 살펴보자.

우리가 마땅히 사랑에 빠진 남자들과 여자들이 되어야 함에도 불구하고 어찌하여 이토록 무덤덤하고 차가운지 나는 도저히 이해되지 않는다! 하나님의 사랑이 성령님에 의해 우리의 마음 안에 있다. 우리는 하나님을 사랑하고, 그분 때문에 이런저런 것들을 사랑한다. 내가 볼 때, 성령 충만한 그리스도인들은 하나님을 최고로 사랑할 뿐만 아니라, 그분이 사랑하시는 모든 것들을 그분 때문에 사랑하게 된다.

우리 모두가 잘 알듯이, 집에 자녀가 있는 사람은 그의 자녀가 사랑하는 장난감 같은 것들까지 사랑하게 된다. 자녀에게 딸랑이나 장난감이나 봉제 동물 인형이 있다면 부모도 그것들을 사랑하게 되는데, 그 이유는 오직 그들의 자녀가 그것들을 사랑하기 때문이다. 이것은 하나님께서 사랑하시는 것들에도 그대로 적용되어야 한다.

희락

나는 희락을 '희락의 능력'이라고도 부르고 싶다. 사람들은 희락에 대해 아주 많이 말하지만, 유감스럽게도 우리에게는 주님의 희락이 없다.

복음주의 기독교가 카니발, 음악회, 영화, 흥미를 유발하기 위한 소품 그리고 유명 인사를 그토록 좋아하는 이유가 주님의 기쁨이 없기 때문이라는 나의 확신은 지금 점점 더 커지고 있다. 정말로 즐거운 사람들에게는 그런 것들이 그렇게 많이 필요하지 않다.

나는 최근에 어떤 설교자가 "당신은 즐거운 사람을 패배시킬 수 없습니다"라고 라디오에서 말하는 것을 들었다. 마음속에 하나님의 기쁨이 있는 사람은 패배할 수 없다. 그의 마음속에서는 무엇인가 용솟음친다. 우리는 기쁨을 만들어내려고 애쓸 필요가 없다. 내가 볼 때, 하나님은 그분의 눈에 보이는 것들을 매우 지겨워하시는 것이 틀림없다. 오직 내면에서만 솟아나는 기쁨의 샘을 잃어버린 우리가 약간의 기쁨을 맛보기 위해 사용하는 온갖 소품과 자질구레한 장신구를 그분은 분명히 지겨워하실 것이다. 우리는 희락의 우물에서 물이 말라버리면 우물펌프에 페인트칠을 해서 약간의 기쁨을 얻으려고 한다. 낡은 펌프 손잡이에 방울을 달아매지만, 그렇다고 해서 물이 올라오는 것은 아니다.

기쁨은 억지로 만들어낼 수 있는 것이 아니다. 기쁨은 성령님으로부터 나오는 것으로서, 날마다 신자의 속을 채우는 성령님의 한 가지 속성이다.

화평

우리에게 주어질 수 있는 또 다른 것은 화평의 능력이다. 즉, 인간의 가슴 속에 임하는 하나님의 평안이다. 그런데 하나님의 사람들이 평안으로 가득 찬 사람들은 아니다. 나는 얼굴을 잔뜩 찌푸린 사람들을 많이 본다. 왜 그럴까? 그것은 우리가 피곤하게 시달리며 살기 때문이다. 세상은 우리를 피곤하게 한다. 생업 때문에, 아니 우리 주위의 모든 것들 때문에 우리는 짜증난다. 하나님의 말씀은 성령의 열매가 화평이라고 말하고, 우리는 평안에 대해 습관적으로 노래하지만, 사실 평안은 없다. 우리는 습관적으로 이렇게 노래한다.

평화, 평화, 경이로운 평화
하늘의 아버지에게서 내려오네.
한없는 그 사랑이

영원토록 내 영혼을 덮으소서

_ 워런 D. 코넬

이 찬송을 부르고 있으면서도 손가락 마디에 힘을 주고 얼굴을 찌푸린 채, 교회를 나간 후 20분이 지나면 무슨 일이 생길지를 걱정하며 부른다. 우리는 걱정하느라고 평안을 쫓아버렸고, 성령님의 임재에서 나오는 화평을 얻지 못했다.

오래 참음

또 생각해볼 것은 오래 참는 능력이다. 오래 참음은 인내심 있게 상처를 견뎌내는 성질이다. 내가 말하는 상처는 몸에 생기는 상처가 아니라 다른 이들에게서 불공평한 대우를 받을 때 생기는 상처다. 이런 경우, 그 다른 사람들에게 책임이 있는 것은 분명히 사실이지만, 그럼에도 불구하고 우리에게는 오래 참음이라는 것이 있어야 한다!

오래 참음과 비슷한 말은 물론 인내다. 미국인들이 얼마나 참을성이 없는지 당신도 잘 알 것이다. 미국인들은 남자고 여자고 할 것 없이 모두 교차로의 신호대기 상태에서 조바심을 낸다. 기계의 동전구멍에 동전을 넣고 핸들을 당겨서 아무것도 나오지 않으면 기계를 발로 찬다. 회전문에서 한 템포를 놓쳐서 들어가지 못하면 분개한다.

참지 못하기 때문에 우리의 몸이 망가지고 신경이 상하지만, 그렇게 되지 않도록 하나님의 영은 오래 참음의 열매를 우리에게 주신다. 여기서 우리가 주목할 것은 그분이 우리에게 "오래 참음의 성품을 길러라"라고 말씀하시지 않고, "오래 참음은 성령의 열매다"라고 말씀하신다는 점이다. 오래 참음은 기를 수 있는 것, 즉 함양할 수 있는 것이 아니다. 나는 이 점을 명심하고 실천하려고 노력해왔다. 나는 "어떤 은사들과 재능들이 있지만, 어떤 것들은 열매가 열리듯 주어진다. 나무가 열매를 기르는 것이 아니라 농부가 기른다"라고 강조하려고 노력해왔다.

포도나무의 경우를 보자. 농부가 포도나무를 기르는 것이지, 포도나무가 자기 자신을 기르는 것이 아니다. 포도나무는 자신의 성질을 다스리는 법에 대한 책을 읽지 못한다. 스트레스를 어떻게 참는지에 대한 책을 읽지 못한다. 포도나무는 아무것도 함양하지 못하고, 단지 가만히 있다가 열매를 맺을 뿐이다. 하나님이 자연을 통해 주시는 수

액(樹液)이 포도나무 속에서 작용하여 좋은 포도가 열리는 것이지, 포도나무가 책을 읽어서 열리는 것이 아니다. 그러므로 오래 참음은 하나님의 영이 우리의 마음속에 부어주시는 것이다.

자비

이제는 자비를 생각해보자. 자비의 반대는 물론 '가혹함'이다. 자비는 다른 사람에게 상처를 주지 않으려는 마음이다. 이것은 '가혹함, 가차 없음'의 반대다. 그런데 오늘날처럼 살벌한 시대에 우리는 어떻게 자비의 마음을 가질 수 있을까? 이것을 기를 수 있는 다른 방법을 나는 모르겠다. 오직 거룩하신 성령님에 의해서만 가능할 뿐이다.

양선

양선이라는 것이 있다. 양선에는 두 가지 요소, 즉 고결함과 친절이 있다. 양선의 반대는 불친절과 잔인함이 될 것이다. 그러므로 하나님의 영이 주시는 것은 도덕적으로 선한 것, 즉 순수하고 깨끗하고 정직한 것이며, 또 도덕적 삶과 마음에 유익한 것이다.

충성

성령님은 우리를 충성스런 사람으로 만들어주신다. 그리스도인이 성령충만하면, 신앙적 퇴보가 일어난다 할지라도 큰 퇴보는 없을 것이다. 왜 신앙적 퇴보가 일어나는가? 그것은 사람들이 하나님을 섬기겠다는 결심을 계속 유지할 수 없기 때문이다. 속사포 쏘듯 빨리 말하며 청중을 흥분시키는 설교, 또는 상대방이 "예, 저는 예수님을 영접합니다"라고 말할 때까지 그를 붙잡고 계속 흔들어대는 전도방법은 하나님을 섬기겠다는 결심을 이끌어낼 수 없다. 만일 당신이 어떤 사람을 논리적으로 설득하여 하나님나라 안으로 들어가게 할 수 있다면, 누군가 다른 사람이 와서 그를 다시 논리적으로 설득하여 하나님나라 밖으로 나오게 할 수 있다. 하나님의 영이 문을 열어놓고 그 사람에게 빛을 비추어주며 안으로 이끌고 들어가신 경우가 아니라면, 누군가 다른 사람이 와서 그를 다시 밖으로 끌고 나올 수 있다. 주님의 영은 우리에게 찾아오시어 그분의 충성스러움과 변함없음과 성실함을 우리에게도 주신다.

성령님이 충성스런 마음을 심어주시지 않으면 우리는 그런 마음을 가질 수 없다. 이 점에서 우리는 그분께 완전히 의존한다. 우리가 가진 것들 중에서 그분이 주시지 않은 것은 없다. 주후 33년에 그리스도께서 이 땅을 떠나신 후, 아직까지 다시 돌아오지 않으셨다. 승천 이후 그분이 보좌 우편에 계시기 때문에, 이제까지 여기 이 땅에서는 그분의 인간의 모습을 볼 수 없었다. 이 땅에 계실 때에 그분은 "내가 그(보혜사)를 너희에게로 보내리니"(요 16:7)라고 말씀하셨고, 또 "그(보혜사)가 … 내 것을 가지고 너희에게 알리시겠음이라"(요 16:14)라고 말씀하셨다. 교회의 역사(歷史) 속에서 성령님이 주시지 않은 발전은 없었다. 그분이 일으키지 않으신 부흥은 없었다. 그분이 허락하지 않으시면, 선교지에서의 성공은 없었다. 그분이 회심하게 하지 않으셨다면, 그 누구도 회심할 수 없었다. 그분이 복을 주시지 않았다면, 어떤 그리스도인도 복을 받지 못했다. 그분이 기도에 응답하지 않으셨다면, 기도의 응답이라는 것은 일어나지 않았다. 그분이 채워주시지 않았다면, 성령충만한 그리스도인은 없었다. 우리는 성령님을 잘못 대우해 드린 것에 대해 전능자 하나님께 적어도 15분 동안은 무릎 꿇고 용서를 빌어야 한다!

어떤 선생들은 "예수님은 성령님이 스스로 말하지 않으

실 것이라고 말씀하셨다(요 16:13). 그러므로 우리도 성령님에 대해 말해서는 안 된다"라고 우리에게 가르침으로써, 우리를 잘못된 길로 인도해왔다. 그러나 이런 선생들은 "성령님이 스스로 말하지 않으실 것이다"라는 말이 "성령님이 성령님 자신을 위해 말하지 않으실 것이다"라는 뜻이라는 것을 모르는 것이다! "성령님이 스스로 말하지 않으실 것이다"라는 말은 "성령님이 성령님 자신에 대해 말하지 않으실 것이다"라는 뜻이 아니다.

나는 몇 가지 질문을 할 것인데, 당신이 굳이 대답할 필요는 없다. 성령님이 성경에 영감을 불어넣으셨는가? 만일 성령님이 성경에 영감을 불어넣으셨다면, 성경은 성령님에 대해 말하는가? 성령님에 대한 그 무엇이 성경에 있고 그분이 성경을 쓰셨다면, 그분이 그분 자신에 대해 말씀하신 것인가? 그렇다! 그분은 그분 자신에 대해 말씀하셨다! "성령님이 스스로 말하지 않으실 것이다"라는 예수님의 말씀을 해석하면서 어떤 선생들은 우리에게 "쉿, 조용히 해! 성령님에 대해 말하지 마! 성령님은 그분 자신에 대해 말씀하지 않으셔"라고 가르친다. 그러나 분명히 말하지만, 성령님은 그분 자신에 대해 말씀하신다!

성령님에게 감동을 받아 바울은 "성령님은 그분에 대해 우리가 이해할 수 있는 것이라면 무엇이든지 가르쳐주신다"라고 가르쳤다. 성령님은 예수님과 성부 하나님과 신학에 대해 우리가 이해할 수 있는 것이라면 무엇이든지 우리에게 가르쳐주신다(고전 2:14).

독일의 어떤 옛 저술가는 "마음이 최고의 신학자이다"라고 말하곤 했다. 나는 그의 이 말이 좋다! 성령충만한 마음, 성령님이 빛을 비추어주시는 마음이 언제나 최고의 신학자이다. 이것은 단지 사람들의 가르침을 받는 것보다 더 많은 빛을 언제나 우리에게 준다. 물론 나는 사람들에게 배우는 것을 거부하지 않는다. 우리의 배움의 방법은 두 가지가 있는데, 하나는 길고 힘든 과정을 통해 교리를 배우거나 아니면 성령님의 빛을 받아서 배운다. 매번 성령님의 조명을 받는 사람을 나에게 달라! 학교에서 10년 동안 배우는 것보다 성령님의 빛을 한 번 받으면, 교리와 진리와 성경에 대해 더 많이 배우게 된다. 왜냐하면 신학자이신 성령님이 우리를 가르치시는 것이기 때문이다.

온유

온유의 능력을 생각해보자. 온유는 물론 '불손'의 반대이
다. 온유는 행동의 부드러움을 의미한다. 그런데 우리가
사는 이 시대는 온유를 보기 힘들다. 이 시대는 숨이 차서
헐떡거리는 시대다. 라디오를 틀어보라. 라디오에 나오는
사람들은 숨도 안 쉬는 것처럼 빨리 말한다. 특히, 교회의
프로그램들은 헐레벌떡 뛰어서 교회에 도착하고, 음속을
돌파한 속도로 펄쩍 펄쩍 뛰면서 진행된다. 그러나 교회에
서는 그런 속도로 프로그램들을 진행해서는 안 된다. 오,
형제들이여, 우리의 행동은 부드러워야 한다. 성령님은 우
리의 언행을 차분하고 우아하게 하신다.

나의 이런 얘기를 듣고 누군가 "토저 목사님, 당신 같은
사람이 어떻게 우아하고 부드러운 언행을 이야기할 수 있
습니까?"라고 물을지 모르겠다.

그렇게 묻는다면, 나는 "사람들은 각각 다르니까 그들을
획일적으로 판단하면 안 됩니다. 나를 판단할 때에는 내
가 애당초 어떤 사람이었는지를 보고 판단해주면 좋겠습
니다"라고 대답하겠다. 만일 하나님께서 과거에 내 마음을
바꾸어주지 않으셨다면, 지금 내가 어떻게 할 것인지 당신

은 상상도 못할 것이다. 아마 지금 나는 손가락 하나 까딱하지 않고 입으로만 일하면서, 교인들이 찍소리도 못하게 할 것이다! 성령님은 내 삶을 변화시키셨다. 그런 변화가 있었기 때문에 지금 나는 온유해지려고 애쓰지 않고, 다만 그분의 온유함이 내 삶을 지배하도록 허락한다.

절제

절제의 능력이라는 것도 있다. 절제는 부절제의 반대이다. 성령님은 우리가 자기를 통제하도록 도우시는 데 대가이시다. 그래서 성경에는 이런 말씀들이 나온다.

"보혜사가 오시면 너희가 권능을 받을 것이다."

"너희가 성령으로 충만해질 것이다."

"너희가 권능을 받을 것이다."

사랑이 없는 마음에 사랑의 바다를 만들어내고, 희락 없는 마음에 기쁨의 샘을 만들어내는 능력이 하나님의 능력에 의해 가능하게 된다. 불안한 마음에 화평의 호수를, 참지 못하는 사람에게 오래 참음을, 가혹한 사람에게 자비를, 깨끗하지 못한 사람에게 깨끗함을, 불안정한 사람에게 안정을, 불손하고 교만한 사람에게 온유를, 절제 없는 사람에게 절제를 주는 것이 하나님의 능력이다.

　이런 것들이 하나님의 능력에 의해 가능해진다면, 나는 "누가 일어나 감히 나를 비판할 수 있겠는가?"라고 묻고 싶다. 누가 "토저 목사는 광신자이다"라고 말할 수 있겠는가? "사람은 사랑과 희락과 화평과 충성과 온유가 있어야 하고, 절제로 충만해야 한다"라고 말하는 것이 극단적인 것인가? 이런 것들이 광신인가? 만일 그렇다면 나는 "오, 하나님, 우리에게 더 많은 광신자를 보내주소서"라고 기도하겠다. 우리를 광신자라고 감히 비난할 수 있는 사람이 있는가? 하나님께 속한 성품적 자질들이 강력한 성령세례를 통해 사람에게 들어와 그 사람의 성품을 변화시킨다고 말하는 우리를 가리켜 광신자라고 감히 말할 수 있는 사람이 누구인가?

　성령님은 당신을 변화시키고, 바꾸고, 당신의 내면을 거룩하게 하신다. 그렇지 않다고 말하는 사람이 있다면 그는 자기가 무슨 말을 하는지 모르는 사람이다.

　성령님이 어떤 사람에게 임하시면 그분의 임재의 열매가 그의 삶을 통해 나타나게 되어 있다. 그 사람이 만들어낸 열매가 아니라, 그 사람 안에 계신 성령님이 만들어낸 열매가 그를 통제하고, 그 사람을 통해 그리스도를 높이신다.

"성령님, 당신의 고마운 열매로 제 삶을 채우시고, 제 영적 생명에 양분을 공급하시어 당신의 성품의 영광을 드러내게 하소서."

✓ 묵상 포인트

1. 당신의 삶에서 나타난 성령의 열매를 묵상해보라.

2. 성령의 열매라는 관점에서 볼 때, 당신의 삶이 어떻게 변했는가?

3. 그런 변화가 당신의 '관계의 문제'에 어떤 영향을 주었는가?

그리스도의 몸을 이루는
성령의 은사들

주의 성령이 내게 임하셨으니 이는 가난한 자에게 복음을 전하게 하시
려고 내게 기름을 부으시고 나를 보내사 포로 된 자에게 자유를, 눈 먼
자에게 다시 보게 함을 전파하며 눌린 자를 자유롭게 하고 주의 은혜의
해를 전파하게 하려 하심이라 하였더라 눅 4:18,19

교회는 그리스도께서 머리가 되시는 그분의 몸이다. 참
된 그리스도인들은 그 몸의 일부다. 성령님과 그 몸의 관
계는 인간의 영혼과 인간의 몸 사이의 관계와 같다. 그 몸
안에 계신 성령님은 몸에게 생명과 하나 됨과 의식(意識)
을 주신다. 몸의 지체는 개교회가 어떠한지를 드러내준다.
즉, 각각의 그리스도인은 교회를 나타내는 본보기다.

그리스도의 몸

어떤 것을 설명하기 위해 예를 들거나 유사점을 제시하는 것은 한계가 있을 수밖에 없는데, 특히 하나님의 거룩하고 무한한 일들을 설명할 때 그렇다. 사람의 몸이 그것의 기능을 다하기 위해서는 한 장소에 있어야 한다. 만일 사람의 몸을 잘라서 여러 곳에 흩어놓는다면, 그 사람은 이미 죽은 것이다. 그러나 그리스도의 몸이 모두 한 장소에 있어야 할 필요는 없다. 그 몸의 연합은 성령의 연합이기 때문이다. 교회 전체가 한 장소에 있던 적은 없다. 일부는 천국에 있고, 또 일부는 여기 이 땅에 있기 때문이다. 그리스도의 몸의 생명이신 성령님은 그 몸을 하나로 유지시켜주신다. 각각의 개교회는 전체 교회의 모든 기능들을 수행하며, 모든 직무들의 특징들을 보여주며, 그리스도의 전체 교회가 어떠한지를 드러내준다.

바울의 교훈에 따르면, 몸의 지체들은 각각 그 나름대로의 기능을 수행하기 위해 준비된 것이다. 눈은 보기 위해서 몸에 붙어 있는 것이다. 귀는 듣기 위해 만들어진 것으로서, 듣는 것이 귀의 기능이다. 손은 여러 가지 목적들을 위해 계획되었다. 발은 또 다른 목적을 위해, 폐도 또 다른 목적을 위해, 심장도 그것 나름의 목적을 위해 만들어졌다. 그러므로 몸의 모든 지체들은 독특한 특정 기능을 갖고 있으며, 서로 협력하고 호흡을 맞추어 일하도록 설계되었다.

이런 내 말을 듣고 누군가 "토저 목사님의 말씀은 '자, 우리 모두 힘을 합해 잘해봅시다!'라는 격려의 말로 들리는군요"라고 말할지 모르겠다. 그렇다! 방금 내가 한 말은 "전체는 모든 부분들을 위하고, 모든 부분들은 전체를 위해 존재한다"라는 말로 요약될 수 있다. 바울도 바로 그런 말을 여기서 하는 것이다. 바울의 말에 의하면, 온몸은 몸의 지체들을 위해 존재하고, 지체들은 온몸을 위해 존재하며, 하나님은 몸이 유익을 얻도록 은사들을 주신다(고전 12:7). 끝으로, 이것 하나를 기억하자. 모든 지체들은 머리의 지시를 받는다! 만일 몸에서 머리가 떨어져 나간다면, 지시를 받는 것은 불가능해진다.

영적 은사들

바울이 말하는 이 기능들은 다양한 기능들을 의미하는데, 그것들은 성경에서 '은사'라고 불리는 능력들이다. 이 은사들은 믿음의 분량에 따라, 그리고 은혜에 따라 주어진다. 바울은 "우리에게 주신 은혜대로 받은 은사가 각각 다르니 혹 예언이면 믿음의 분수대로"(롬 12:6)라고 말하고, 또 "너희는 더욱 큰 은사를 사모하라 내가 또한 가장 좋은 길을 너희에게 보이리라"(고전 12:31)라고 말한다. 그리고 또한 "그러므로 이르기를 그가 위로 올라가실 때에 사로잡혔던 자들을 사로잡으시고 사람들에게 선물을 주셨다 하였도다"(엡 4:8)라고 말한다.

고린도전서 12장 8-12절에서 바울은 다양한 은사들이 있다고 말하면서, 아홉 가지 은사의 이름을 나열한다. 그런데 우리는 이 아홉 가지 은사가 전부라고 생각하겠지만 만일 성경의 나머지 부분, 우리 앞에 있는 구절들에 나오는 바울의 말, 그리고 베드로의 말을 읽으면 이 아홉 가지보다 더 많은 은사들이 있음을 알게 될 것이다. 약 열아홉 가지의 은사가 있는데, 나는 그중 열일곱 가지를 여기에 적어놓았다. 에베소서를 읽어보면 '복음 전하는 자'와 '목사'라는 두 가지 은사가 더 발견된다(엡 4:11). 어쩌면 내가 말한 열아홉 가지의 은사보다 더 적을 수도 있다. 이 중 일부는 중복되어 언급된 것일 가능성도 있기 때문이다.

당신이 신약성경에 계시된 성령의 은사들의 수를 셀 때 성령님이 동일한 은사를 두 가지 이름으로 부르신 것을 우연히 발견한다면, 둘 중 하나를 빼고 "동일한 은사가 비슷한 두 가지 이름으로 불린 것이다"라고 말해야 한다. 은사들의 수를 아는 것은 은사들이 교회 안에서 갖는 목적과 기능을 아는 것만큼 중요하지 않다.

그렇다면 이제 고린도전서 12장 8-10절과 로마서 12장 6-8절과 에베소서 4장 11절에 나오는 은사들을 살펴보자.

1. 사도

첫째, 사도의 은사다. '사도'라는 말을 들으면 대부분의 그리스도인들은 그리스도께서 임명하신 열두 사도를 생각하게 된다. 유다는 배교함으로써 떨어져 나갔고, 대신 바울이 들어와 열두 명이라는 수를 채우게 되었다. 그런데 사도의 직분이 계속 이어지지는 않았는데, 아마도 그 이유는 요한계시록에 "어린양의 열두 사도"(계 21:14)라는 언급이 나오기 때문인 것 같다. 사도라는 말은 단지 이름일 뿐이었다. 이것은 칭호다. 사도라는 말의 뜻은 '대사'(大使), '메시지 전달자', 또는 '보냄을 받은 사람'이다. 누군가 "현재의 선교사가 초대교회의 사도와 동일하다고 오해하지만 않는다면, 우리가 현재의 선교사를 가리켜 사도라고 불러 주는 것은 적절하고 또 허용될 수 있다. 왜냐하면 사람들 이 종종 바울을 가리켜 '이방인들에게 보냄 받은 사도'라고 표현하기 때문이다"라고 말한다면, 나는 그의 말이 맞는지 틀린지 잘 모르겠다.

2. 선지자

우리가 두 번째로 생각해볼 은사는 선지자의 은사다. 신 약성경에서 선지자의 은사는 '2차적 의미의 예언'을 할 수 있는 은사다. 구약성경에서 선지자의 은사는 주로 앞으로 일어날 일을 예언하고, 경고하고, 간절히 권하고, 모든 이 들을 하나님께로 부르는 일을 감당할 수 있는 은사였다. 그러나 신약성경으로 와서는, 선지자의 은사에서 '앞일을 예언한다'는 의미가 구약 시대보다 줄어들었다. 성경이 쓰 였고, 성경의 예언이 여전히 유효하며, 하나님께서 우리에 게 알려주기 원하시는 미래의 일들이 이미 다 예언되었기 때문이다. 신약 시대에서 예언의 은사는 사람들에게 예언 을 제시하고, 그 예언의 성취의 시기를 기름부음 받은 눈으로 살피는 것이다. 신약 시대의 예언의 은사는 단순히 예언자의 역할을 하는 것이 아니라, 새로운 상황에 대해 하나님께서 우리에게 주셔야 할 말씀을 살펴서 전하는 것이다.

3. 교사

또한 교사의 은사가 있다. 모든 이들이 가르칠 수 있는 것은 아니다. 이것을 우리가 인정하는 것이 좋다. 실제로 가르치고 있는 사람들 중에도, 정말 제대로 가르칠 수 있는 사람들은 극소수다. 가르치는 재능은 두 가지인데, 하나는 선천적으로 타고난 것이고, 다른 하나는 성령님이 주시는 은사다.

4. 위로하는 자

'위로하는 자'가 지금은 과거만큼 그렇게 많지는 않지만, 옛날의 감리교는 '위로하는 자'(exhortor)라는 직책을 둘 정도로 지혜로웠다. 감리교는 위로하는 자에 임명된 사람을 '평신도 설교자'(lay preacher)라고 불렀다. 이 사람은 자격증을 갖지 않았고, 결혼식을 주례하거나 성찬을 집전하지도 않았지만, 일어나 죄를 이기고 사람들에게 하나님의 위대하심을 말해주는 능력에서는 오늘날의 대부분의 설교자들보다 더 뛰어났다. 찰스 스펄전이 주님을 믿도록 인도한 사람이 평신도 설교자, 즉 '위로하는 자'였다는 것은 꽤 흥미로운 사실이다.

5. 다스리는 자

'다스리는 자'(ruler)라는 단어는 '회당을 다스리는 자'와 동일한 의미로 사용된다. 이 사람은 법적인 지도자는 아니고, 단지 방향을 결정하고 성경을 읽고 가르친다. 그가 목회자와 동일한 사람인지 아닌지는 나도 모르겠다.

6. 다른 은사들

이 외의 다른 은사들도 교회에 주도적 영향을 끼치며, 성령님이 그분의 일을 위해 사용하시는 은사들이다. 이 범주에는 지혜의 은사, 지식의 은사, 믿음의 은사, 병 고치는 은사(이것은 소수의 사람만이 가진 은사다), 능력 행함의 은사, 방언의 은사, 방언 통역의 은사, 영들 분별의 은사, 섬기는 은사, 그리고 서로 돕는 은사가 들어 있다. 서로 돕는 은사가 무엇을 가리키는지 잘 모르겠지만, 내가 볼 때, 다른 사람들을 돕는 은사를 받은 사람들이 있다.

내가 볼 때, 긍휼을 베푸는 은사를 가진 사람은 특별히 두루 다니며 낙심한 사람들과 가난한 사람들을 돕고 예수님처럼 선을 행하는 성령의 은사를 받은 사람이다.

관리하는 은사는 다스리는 은사와 동일한 것으로 보인다.

그리고 구제하는 은사가 있다. "구제는 누구나 다 하는 것 아닙니까?"라고 물을 사람이 있을 것이다. 물론, 우리 모두가 구제해야 한다. 그런데 이렇게 생각해보자. 우리 모두에게 어느 정도의 지혜가 있어야 하는 것이 당연하지만, 그것과는 별도로 지혜의 은사라는 것이 있다. 우리 모두가 영들을 어느 정도 분별해야 하지만, 영들 분별의 은사라는 것이 따로 있다. 우리 모두가 긍휼을 베풀고 다른 이들을 도와야 하지만, 긍휼을 베풀고 돕는 은사라는 것이 따로 있다. 이와 마찬가지로, 우리 모두가 구제해야 하지만, 구제의 은사라는 것이 또 있는 것이다! 이 땅에서 교회와 선교회와 그리스도의 대의(大義)를 위해, 또 가난한 사람들을 돕기 위해 보통 사람들이 도저히 할 수 없는 큰 규모의 재정적 지원을 할 수 있는 능력을 하나님께로부터 받은 어떤 사람들이 있다고 나는 믿는다. 하나님께서 성령님을 통해 그들의 사업체를 통제하시고 경영하시도록 그들이 순종한다면, 이런 일은 얼마든지 가능하다.

그리고 또 '복음 전하는 자'(evangelist)라는 은사가 있다. 누구나 알듯이, 오늘날도 복음전하는 자의 은사가 있다. 그리고 또 다른 은사로는 목사의 은사가 있다.

이런 은사들은 성령님이 사람들 각자에게 주신 것들이다. 볼 수 있는 기능이 내 눈에 주어졌듯이, 듣는 기능이 내 귀에 주어졌듯이, 냄새 맡는 기능이 내 코에 주어졌듯이, 맛보는 기능이 내 혀에 주어졌듯이, 손놀림의 기능이 내 손에 주어졌듯이 특정 은사들이 몸의 모든 지체들에게 주어진다.

인간의 재능과 영적 은사

성령님이 이렇게 은사를 받은 지체들을 통해 일하실 때 교회의 일이 이루어진다. 장차 '심판 날'에 우리 모두는 우리의 수고에 대해 상을 받을 것이고, 주님이 우리를 아시는 것처럼 우리도 알게 될 것이고, 나무나 풀이나 짚이 금이나 은이나 다이아몬드에서 분리될 것이고, 육신의 온갖 나쁜 것들은 부수어져 사라지고 성령님에게서 나온 것들만이 남을 것이다. 그런 '심판 날'에 우리가 깨닫게 될 것이 하나 있는데, 그것은 우리가 은사 받은 사람들을 통해 그분의 모든 일을 하도록 하나님께서 계획하셨을 뿐만 아니라, 그분이 친히 은사 받은 사람들을 통해 그분의 모든 일을 행하신다는 것이다! 그런데 유감스럽게도, 모든 신앙적 활동이 은사 받은 사람들을 통해 이루어지는 것은 아닌데, 왜냐하면 모든 신앙적 활동이 하나님의 일은 아니기 때문이다.

여기서 우리는 인간의 재능과 영적 은사의 차이를 보게 된다. 이 둘 사이의 차이에 대해 모르는 사람들이 많으며, 이 둘을 구별할 줄 아는 사람은 훨씬 더 적다.

설교자나 성경 해설자가 되기 위해 반드시 성령의 은사가 있어야 하는 것은 아니다. 주석을 읽고 성경학교에 다니고 사람들이 말하는 성경의 사실들을 배우면, 성경 해설자가 될 수 있다. 정치인이 연단에 서서 자기의 주장을 역설하듯이, 설교자는 설교단에 서서 설교한다. 신앙적 표현들을 사용하는 법을 알고 많은 사람들 앞에서 말할 수만 있다면, 설교자가 될 수 있다. 그러나 심판의 날에 불에 타지 않고 계속 남아 있을 설교를 하려면 성령의 은사를 받아 설교해야 한다. 성령의 은사를 받지 않고 하는 모든 설교는 참으로 하나님을 전하는 설교가 아니다. 성경의 기록에 의하면, 예수 그리스도는 성령의 기름부음을 받고 두루 다니며 선한 일을 하셨다. 그분은 "주의 성령이 내게 임하셨으니 이는 가난한 자에게 복음을 전하게 하시려고 내게 기름을 부으시고 나를 보내사 … 눈먼 자에게 다시 보게 함을 … 전파하게 하려 하심이라"(눅 4:18,19)라고 말씀하셨고, 또 그 밖에 여러 말씀을 하셨다. 심지어 우리 주님도 그분의 인간의 본성에 주어진 성령의 은사를 통해 일하셨던 것이다!

아마 당신은 지금 구제하고 섬기고 일하고 있을 것이다. 그러나 그것이 성령의 은사에 의한 것이 아니라면, 당신은 갖고 있는 모든 것을 잃을지도 모른다. 당신이 쏟아 부었던 모든 것들이 그 심판의 날에 다 쓰레기통에 버려질지도 모른다. 우리에게 성령의 은사가 없다면, 교회는 다음과 같은 다섯 가지에 의지해서 일하게 된다.

1. 인간의 재능

내가 말하는 재능이란 것은 예를 들면, 휘파람을 아주

잘 분다거나, 즉석에서 시를 짓는 놀라운 능력 같은 것을 의미한다. 또 어떤 사람은 수학에 대단한 재능을 갖고 있다. 만일 당신이 한 웅큼 되는 숫자들을 그에게 던져주면, 그것들이 땅에 떨어지기도 전에 그는 그것들의 합(合)을 말해줄 것이다. 재능이란 그런 것이다! 어떤 이들은 타고난 작곡가다. 어떤 이들은 타고난 연주자다. 어떤 이들은 타고난 가수이고, 어떤 이들은 말하는 재능이 뛰어나다. 우리는 이런 사실을 인정해야 한다. 그런데 슬프게도, 오늘날 교회를 돌아가게 하는 것은 하나님이 우리에게 주려고 하시는 성령의 은사들이 아니고 인간의 재능들이다.

2. 심리학

종교라는 것이 계속 돌아가도록 해주는 또 다른 것은 심리학이다. 심리학에 아주 능한 사람들이 많은데, 그들은 사람들을 다루는 데 정말 놀라운 솜씨가 있다. 그러다 보니 교회도 심리학으로 돌아가는 수가 있다. 새로운 목회자가 오고 사람들이 교회로 많이 몰려들 때 당신이 받는 첫인상은 교회가 놀랍게 성장한다는 것이다. 그러나 그 목회자는 사람들의 심리를 잘 이용하는 머리 좋은 사람이기 때문에 '예수님'이라는 말을 어떤 경우에 사용해야 할지를 잘 알고, 또 사람들이 듣기 원하는 위로의 말을 적절히 사용하는 것이다!

3. 사업적 방법

사업적 방법들을 사용해서 종교를 이끌고 나가는 것도 가능하다. 지금 교회의 많은 일이 이런 식으로 처리되고 있다. 이 점에 대해서 내가 자세히 언급할 필요조차 없을 것이다. 사업체를 운영하듯이 교회를 이끌고 나가서 성공하는 사람들도 일부 있다. 그들은 적어도 세상적 관점에서는 성공하는 것으로 보인다.

4. 정치적 수완

어떤 목회자들은 정치적 수완을 꽤 성공적으로 사용한다. 그들은 주고받는 데 능하다. 상대방이 조금 내놓으면 나도 조금 내놓고 해서 결국 각자 자기 몫을 챙기는 방법이 사용된다. 협상을 끝내고 나면, 협상의 시작 때에 당신의 손에 없던 것이 당신의 손에 들어온다.

5. 판매 수단

정치적 수완과 더불어 사용되는 것은 판매 수단들이다. 능력 있는 세일즈맨은 많은 이익을 얻는다. 그런데 판매수법을 교회에서 사용하면, 성령님이 그분이 이루기 원하시는 것을, 그분의 방법으로 이루는 것이 불가능해진다. 사람들을 설득해서 때로는 그들에게 필요하지도 않은 것을 사도록 만드는 것이 판매 수단 아닌가?

이렇듯, 성령님이 교회에서 일하지 않으셔도 인간의 재능을 통해, 그분의 만져주심 없이 기발한 심리학 사용을 통해 기독교가 돌아갈 수 있다. 그분의 은사가 단 한 가지도 개입하지 않아도 사업적 방법들을 통해, 정치적 수완을 통해, 판매수단을 통해 교회가 유지될 수 있다.

이런 일들이 일어나도 우리가 까맣게 모를 수 있다. 언제까지 모르냐 하면, 저 크고 무서운 날이 이를 때까지 모를 수 있다! 그날이 오면 인간적 방법으로 이룬 일들은 불에 타버릴 것이고, 성령님이 이루신 것들만 남을 것이다. 세례 요한의 말에 의하면, 이미 도끼가 나무뿌리에 놓여 있다(마 3:10). 하나님에게서 나오지 않은 것들은 무엇이든지, 우리의 아버지께서 심지 않으신 것들은 무엇이든지,

열매를 맺지 못하는 것들은 무엇이든지 찍혀 불에 던져질 것이다. 여러 세기에 걸친 기독교 활동들의 많은 부분이 인간의 재능과 심리학과 사업적 방법과 정치적 수완과 판매 수단에 의해 이루어졌다.

이제 내가 말하고 싶은 것은 성령의 은사들이 교회에 허락되었으므로, 모든 교회들이 성령의 은사들을 받아야 한다는 것이다.

'그리스도의 몸'에 대한 사도 바울의 교리는 "전체 기독교회의 본질적 요소들이 개교회에 담겨 있고, 개교회는 하나의 팀으로 일한다. 개교회의 본질적 요소들은 각 지체에 담겨 있다. 각 지체는 적절한 은사를 하나님께 받아 성령 안에서 일한다"라고 가르친다. 그러나 나는 바울의 이 교리를 구현한 기독교 그룹이나 교파나 공동체나 교단이 이 세상 어딘가에 있다는 말을 들어본 적이 없다.

물론 나는 바울의 교회관에 약간 부합하는 교파들과 교회들이 있다는 말은 들어보았다. 하지만 그의 교회관이 말하는 특징들이 정규적으로, 일반적으로, 흔하게 나타나는 교파들이나 교단들에 대해서는 들어보지 못했다. 우리 각자는 위로부터 풍성히 부어지는 성령의 은사들을 받을 수 있다. 성령님이 임하시면 예외 없이 이런 기능적 은사들을 주시는데, 은사를 받은 어떤 이들은 날카로운 분별력을 갖게 된다.

"우리가 어떤 은사들을 기대해야 합니까?"라는 질문이 나올 수 있는데, 고린도전서 12장 31절은 "너희는 '가장 좋은 은사들을' 사모하라"(개역개정판 한글성경에서는 '가장 좋은 은사들'이 '더욱 큰 은사'로 번역되어 있다 - 역자 주)라고 가르친다. 가장 좋은 은사들을 위해 기도하고 우리 하나님 앞에서 그것들을 사모할 권리가 우리에게 있다. 그분이 이런 권리를 주신 목적은 우리가 그것들을 사용해서 교회에 영적 유익을 주고 그분의 이름을 높이기 위함이다.

혹시 당신이 "오늘날의 교회에게 가장 필요한 은사들이 무엇입니까?"라고 물을지도 모르겠다. 나는 영들 분별의 은사를 은사들의 목록에서 제일 첫 자리에 올려놓기 원한다. 지난 몇십 년 동안 복음주의가 성령님을 배제하고 영적 눈이 멀었기 때문에 교회는 잘못된 길로 아주 멀리가서 결국 연예오락주의, 이성주의 그리고 세속주의에 빠져버렸다. 그리스도의 참된 교회를 이 땅에서 찾는 것이 참 힘들어졌다. 그 이유는 사람들이 나쁘기 때문이 아니라, 사람들이 두려움에 떨며 성령님을 배제한 결과, 강력한 영들 분별의 은사를 모르기 때문이다.

이 영들 분별의 은사가 교회 지도자들에게 있었다면, 교회는 지금처럼 이런 상태에 있지 않을 것이다. 이 영들 분별의 은사가 교회 지도자들에게 있었다면 지금 우리는 여기에서 세대주의에게, 저기에서 연예오락주의에게, 또 여기에서 그 밖의 다른 어떤 것에게 사로잡혀 있지 않고, 어려움 가운데서도 계속 앞으로 전진하고 있을 것이다. 나는 교회의 지도자들이 영들 분별의 은사를 받도록 기도한다.

나는 우리에게 또한 믿음의 은사가 있어야 한다고 믿는다. 누구나 믿음이 있어야 하는데, 믿음이 없으면 구원받지 못할 것이다. 그런데 이런 구원받는 믿음과는 다른 '특별한 믿음'의 은사를 받은 사람들이 있다.

또한 나는 긍휼을 베푸는 은사를 받은 소수의 사람들이 교회에 있어야 한다고 생각한다. 경건의 실천에 있어서 우리 모두는 가까운 곳을 보지 못하는 비실제적인 경향을 보인다. 발린 골짜기(the Baalin Valley, 토저 시대에 선교 사역의 주요 대상이 되었던 낙후 지역)에 대한 얘기를 들을 때 우리의 마음은 긍휼을 베풀어야 한다는 생각으로 가득 차게 된다. 그러나 어디 발린 골짜기뿐이겠는가? 우리의 조그마한 도움도 아주 기쁘게 받을 사람들이 우리의 주변에도 있다! 내가 볼 때, 긍휼을 베푸는 은사는 개교회에서 매우 큰 도움이 될 것이다.

하나님은 어떤 교회에서는 일하시고, 또 어떤 교회에서는 일하시지 않는 분이 아니시다. 그분의 도움이 어떤 사람들에게는 주어지고, 또 어떤 사람들에게는 주어지지 않는 것이 아니다. 그분은 다른 사람을 위해서는 일하시지만, 당신을 위해서는 일하시지 않는 분이 아니시다. 지금 우리는 받을 수 있다! 예수님은 우리가 성령을 받을 것이라고 말씀하셨다(행 1:8). 성령님이 임하시면, 하나님께서 당신을 불러 맡기신 모든 사명을 이루어드릴 수 있는 권능이 당신에게 주어진다는 것을 기억하라!

> "성령님, 저 같은 사람을 통해서도 일하시니 찬양합니다. 당신의 은사들의 역사에 제 삶을 활짝 열어드려 하나님께 영광을 돌리게 하소서."

✔ **묵상 포인트**

1. 성령의 은사들이 당신의 교회에서 어떻게 일하고 있는지를 생각해
   보라.

2. 지금 가장 시급히 필요한 영적 은사는 무엇인가?

3. 당신의 영적 은사는 무엇인가?

다시금 성령의 은사들을 덧입으라

너희는 더욱 큰 은사를 사모하라 내가 또한 가장 좋은 길을 너희에게

보이리라 고전 12:31

나는 사람들이 교회가 성령의 은사들을 다시 받아야 할 필요성의 시급함에 대해 관심을 갖게 하고 싶다. 성령의 은사들에 대해 말하는 사람이 나 혼자만은 아니다. 이 주제는 온 세상에서 끊임없는 반향을 불러일으키고 있다. 하나님은 세상 곳곳의 모든 교파들에서 다른 많은 이들에게 이 문제에 대해 말씀하고 계신다.

하나님은 어떤 일을 이루려고 하실 때, 그것을 어떤 한 개교회에서 시작하지 않으시고, 세상 여러 곳의 다양한 사

람들에게 그것에 대해 말씀하신다. 그리하여 그들은 서로를 발견하고 알아가면서, 서로 협력하기 시작한다. 성령의 은사들에 대한 내 말은 자정이 넘었는데도 집에 가는 길을 모르는 사람 같은 어떤 소인(小人)의 개인적 견해가 아니다. 내 말은 세계 여러 곳에 있는 여러 교파들에 속한 수많은 복음주의자들이 갖고 있는 확신이다.

오늘날의 교회에 성령의 은사들이 있는 것은 바람직한 것일 뿐만 아니라 절대적으로 필요한 것이다. 교회 안에서 우리에게 성령의 은사들이 있어야 하는 것은 지극히 중요하다. 그 이유에 대해 말해보겠다.

영적 은사가 필요한 사람들

교회라는 새로운 피조물에서 그리스도 예수는 머리이시고, 교회는 몸이고, 신자 각 사람은 그 몸의 지체다. 옛 아담이 타락했을 때 하나님은 그에게 '죽음을 피할 수 없는 유한한 삶'이라는 낙인을 찍으셨다. 인간은 죽어야 한다. 세상을 떠나야 한다. 그러나 새로운 인간이 오시고 죽으시고 부활하시고 살아 계시어, 교회라는 새 피조물의 머리가 되셨다. 그리고 이 새로운 피조물은 '유한성'과 '죽음'이

라는 낙인 대신에 '영원성'과 '영생'이라는 표지(標識)를 갖게
되었다.

　신자들은 여전히 '속량 받지 못한 몸'을 갖고 살아간다.
이것은 무릎 꿇고 기도하는 고상한 성자(聖者)나 최근에 회
심하여 구원받았지만 어디에선가 어려운 사명을 감당하느
라 쩔쩔매는 사람이나 똑같다. 모든 신자는 '속량 받지 못
한 몸'을 갖고 있다. '속량 받지 못한 몸'이라는 것은 영원히
속량 받았지만, 그 속량이 아직 현실화되지는 못한 것이
다. 이런 말을 하는 나에게 의혹의 눈초리를 보내며 "토저
는 혹시 이단 아냐?"라고 중얼거릴지도 모르니, 로마서 8
장 20-23절의 말씀을 들려주겠다.

> 피조물이 허무한 데 굴복하는 것은 자기 뜻이 아니요 오직 굴복하게 하
> 시는 이로 말미암음이라 그 바라는 것은 피조물도 썩어짐의 종 노릇 한
> 데서 해방되어 하나님의 자녀들의 영광의 자유에 이르는 것이니라 피조
> 물이 다 이제까지 함께 탄식하며 함께 고통을 겪고 있는 것을 우리가 아
> 느니라 그뿐 아니라 또한 우리 곧 성령의 처음 익은 열매를 받은 우리
> 까지도 속으로 탄식하여 양자 될 것 곧 우리 몸의 속량을 기다리느니라
>
> 롬 8:20-23

재능 없는 지체를 통해서 할 수 있는 것은 극도로 제한된다. 예를 들어보자. 평균적 크기의 두 손이 내게 있다. 하지만 나는 바이올린을 연주하지 못한다. 그럴 만한 재능이 없기 때문이다. 그림을 잘 그릴 수 없다. 그런 재능이 없기 때문이다. 오르간 연주를 못하는 것 역시 재능이 없기 때문이다. 겨우 드라이버를 손에 쥘 수 있지만, 나이가 들어가면서 그마저도 힘들어지고 있다. 우리 집에 걸려 있는 물건이 떨어져 깨지지 없도록 나사못을 박아야 할 때면 나는 정말 난감해진다. 손재주가 없기 때문이다.

성령의 은사들이 우리에게 없으면 하나님의 일이 자꾸 늦어지게 된다. 은사들은 성령님이 그분의 일을 하실 때 사용하시는 도구들이다.

은사를 받지 못한 사람들도 신앙적 사역을 할 수 있지만, 그것은 인간의 머리로 인간의 일을 하는 것뿐이다. 그것은 썩어 없어질 머리로 썩어 없어질 일을 하는 것뿐이다. 교회 건축을 하든, 찬송가나 책을 쓰든, 기독교 운동을 일으키든, 악기를 연주하거나 찬송가를 부르거나 조직을 하든, 인간의 힘으로 한다면 무슨 일이든 결국 썩어질 존재가 썩어질 일을 하는 것 밖에 안 된다. 그런 모든 것들에 하나님은 "죽기 위해 왔다. 사라지기 위해 왔다"라고 낙인 찍으실 것이다. '썩어 없어질 일시적인 것'이라는 표지가 오늘날의 그리스도의 교회에 붙을 것이다. 사람들이 오직 성령님만이 하실 수 있는 일을 그들의 재능으로, 즉 육신적 능력으로 이루려 하기 때문이다. 재능으로 할 수 있는 것은 썩어 없어질 일뿐이기 때문에, '불멸의'(immortal)라는 모호한 표현으로 포장하려 해도 속일 수 없다.

물론 나는 하나님께서 훌륭한 사람을 세워서 그를 통해 일하시는 것이 불가능하다고 말하는 것은 아니다. 다만 나는 그분이 그런 사람의 뛰어난 장점을 통해 일하시지는 않는다고 말할 뿐이다. 나는 하나님이 정력적으로 일하는 사람을 통해 일하실 수 없다고 말하는 것이 아니라, 그분이 그런 사람의 활력 넘치는 성격을 사용하신 적이 없다고 말할 뿐이다. 그분은 그런 사람의 에너지를 통해, 그의 에너지보다 적게, 또는 그의 에너지 이상으로 일하시겠지만, 그의 에너지를 사용하지는 않으실 것이다. 그것이 성령님에게는 필요 없다.

능력의 성령님의 숨결로 세상이 존재하게 되었는데, 어째서 당신의 밝은 눈과 곱슬머리가 그분에게 필요하겠는가? 당신의 부드러운 음성이 왜 그분에게 필요하겠는가? 그분에게는 전혀 필요하지 않다! 이 사실 앞에서 우리는 지극히 겸손해지지 않을 수 없다! 우리는 은퇴한 후 사람들을 불러 모아 그들에게 "내가 이룬 이 모든 것들을 보시오!"라고 자랑하고 싶어 한다. 그러나 그것들을 이룬 자가 바로 우리라면, 그것들은 소멸되고 사라질 것이다. 그러나 우리가 성령님의 도구로 사용된 겸손한 사람이라면 시간이 아무리 흘러도 계속 살아 있을 것이다. 그것들 안에 하나님의 아름다운 성품이 녹아들어가 있기 때문이다. 그렇기 때문에 성경은 "그것들은 멸망할 것이나 오직 주는 영존할 것이요"(히 1:11)라고 말씀한다.

많은 사람들이 모인 따뜻한 실내에서 아름다운 악기의 연주가 흐르는 가운데 한 무리의 신앙인들이 모여 배불리 먹고 커피까지 충분히 마시는 것이 육신적인 행위가 될 수도 있다. 이것은 생쥐가 치즈를 계속 갉아먹어 들어가면서 "야, 이거야 말로 천국이다!"라고 중얼거리는 것에 비유될 수 있다. 먹음으로써 천국에 들어가려고 하는 그리스도인들은 다른 이들에게 "오시오, 그리스도를 믿으시오, 그리고 가서 먹읍시다!"라고 말한다.

그러나 사람들이 모여 기분 좋게 시간을 보낸다고 해서 하나님의 일이 이루어지는 것은 아니다. 영원히 썩지 않을 일은 영원하신 성령님이 주신 영원히 썩지 않을 은사들을 통해 이루어진다. 그렇지 못한 것들은 전부 단지 종교적 활동에 불과하다. 진정한 의미에서 하나님의 일이 이루어 질 때 그분이 모든 영광을 받으시고, 인간은 경건한 마음으로 머리를 숙이고 서서 "영원무궁토록 주께서 영광을 받으소서. 아멘!"이라고 찬양하게 된다.

오늘날 교회에 절대적으로 필요한 것은 성령님이 그분의 일을 이루기 위해 사용하시는 도구인 이런 영적 은사들이다. 은사들은 매우 드물지만, 그래도 교회의 어딘가에 소수의 은사들이 없는 적은 없었다. 역사 속에서 신령한 기독교의 전통이 끊어지지 않고 계속 이어져 왔다는 것은 영적 은사들이 언제나 교회 안에 있었음을 말해주며, 심지어 때로는 영적 은사들을 믿지 않거나 이해하지 못하는 사람들 중에서도 그것들이 있었음을 보여준다.

누구에게 성령님이 계신가?
성경에는 이런 말씀들이 나온다.

"오직 성령이 너희에게 임하시면 너희가 권능을 받고"(행 1:8).

"오직 성령으로 충만함을 받으라"(엡 5:18).

"너희는 더욱 큰 은사를 사모하라"(고전 12:31).

그런데 많은 복음주의자들은 바울이 고린도 교인들에게 한 말의 뜻을 잘못 해석해왔다. 바울은 고린도 신자들이 사랑과 성령의 은사들 사이에서 선택해야 한다고 말한 것이 아니었다. 그는 "내가 어떤 은사를 가장 중요하게 여기는지 여러분이 혹시라도 궁금해한다면, 나는 차라리 여러분이 예언하기를 원합니다"라는 뜻으로 말한 것이다. [토저는 사도 바울이 영적 은사들에 대해 고린도교회에게 주의를 당부한 것을 풀어서 말한 것이다(고전 14:1).] 바울이 말한 '예언'이라는 것은 '앞으로 일어날 일들을 미리 말하는 것'이 아니었다. 그는 "하나님께서는 귀하고 특별한 능력을 남자들과 여자들의 마음과 몸과 생각과 목과 신경(神經)에 부어주실 것인데, 그런 능력을 받은 사람들은 썩어 없어지지 않을 메시지를 독특한 확신 가운데 전하게 될 것이다"라는 뜻으로 말한 것이다. 그런 능력을 받은 사람 중에는 가정주부, 길거리 청소부, 감독, 복음 전도자, 그리고 아주 외진 시골 교구에서 사역하는 무명의 목회자도 있을 것이다. 그런 능력을 받은 사람이 누구든지 간에, 그에게는 인간에게서 나오지 않고 하나님에게서 온 확신과 영적 감동으로 말할 수 있는 특별한 능력이 주어진다. 그리고 그의 사역의 결과는 아주 광범위하게 적용되지는 않더라도, 영속적이고 영원한 성격을 갖게 된다.

그렇다면, 누구에게나 성령님이 계신가? 그렇다. 모든 그리스도인에게는 성령님이 계시다. 바울은 로마서 8장에서 "누구든지 그리스도의 영이 없으면 그리스도의 사람이 아니라"(롬 8:9)라고 말한다. 하나님께 버림받은 사람이 아니라면, 그리스도인에게는 누구나 어느 정도 성령님이 계신다. 바울은 고린도전서 12장에서 "우리가 … 다 한 성령으로 세례를 받아 한 몸이 되었고"(고전 12:13)라고 말한다. 그런데 그는 이 말을 하는 동일한 장(章)에서 "형제들아 신령한 것(영적 은사들)에 대하여 나는 너희가 알지 못하기를 원하지 아니하노니 … 너희는 더욱 큰 은사를 사모하라"(고전 12:1,31)라고도 말한다. "회심한 사람에게는 어느 정도 성령님이 계신다"라는 말이 그가 우리에게 들려주기 원하는 모든 말이었다면, 이 말로 끝냈을 것이다. 그러나 그는 성령님이 그리스도인의 생득권(生得權)이라고 꽤 길게 설명한다. 이 권리는 지극히 큰 성도뿐만 아니라 지극히 작은 성도에게도 주어지는 것이다.

고린도전서 1장 18-29절에 따르면, 초대교회 당시의 그리스도인들은 무명의 사람들이었다. "하나님께서 ⋯ 세상의 약한 것들을 택하사 강한 것들을 부끄럽게 하려 하시며"(고전 1:27)라는 말씀에서 알 수 있듯이 말이다.

그렇다면, 이런 모든 말을 들은 우리는 이제 어떻게 해야 할까? 현재 상태에서 딱 얼어붙어서 숨을 곳을 생각하며 "나는 광신자처럼 되지 않을 거야"라고 말해야 할까? 그래서는 안 된다! 우리의 가장 큰 문제는 돌덩이처럼 굳어 있는 것이기 때문이다. 우리가 두려워해야 할 것은 광신자처럼 되는 것이 아니라 영적으로 얼어붙는 것이다! 그렇다면, 어떻게 해야 할까? 당신의 빈 질그릇들을 가져오면 된다!

당신은 갈망하는가?
주님의 충만한 복이
오늘 당신의 마음과 삶에 임하는 것을.
당신의 아버지께서 약속하신 것을 구하라.

그분의 약속에 따라,

옛날의 그 복된 방법으로 임하시기를!

네 빈 질그릇들을 가져오라.

예수님의 보혈로 깨끗게 된 그릇들을!

오라! 너희 부족함 있는 자들이여, 모두 오라!

와서, 하나님께 드려진 가운데

하나님의 보좌 앞에서 기다려라.

성령이 임하실 때까지!

마르지 않는 기름병처럼

그분의 은혜가 영원하고,

그분의 사랑이 여전히 변치 않으니,

그분의 약속에 따라,

성령과 능력으로

모든 그릇들을 채워 주시리라.

(후렴)

그분이 네 마음을 채워 넘쳐흐르게 하실 것이니,

주님이 네게 명하시듯이,

네 그릇들을 가져오되 조금 가져오지 말라.

그분이 네 마음을 채워 넘쳐흐르게 하실 것이니,

성령과 능력으로 채우시리라.

_ 〈Bring Your Vessels, Not a Few〉, 릴러 N. 모리

성령충만이 자신을 깊이 살펴야 하는 아주 진지하고, 때로는 고통스런 경험으로 당신을 이끌고 간다는 것을 기억하라. 물론 성령님이 고통을 주시는 것은 아니다. 그분은 하나님의 부드러운 사랑이시다. 그러나 우리 자신을 준비시키는 것, 자신을 깨끗하게 하는 것, 마음을 털어놓는 것, 죄를 고백하는 것, 용서를 받는 것, 다른 사람들과의 관계를 바로 잡는 것, 잘못한 것에 대해 보상하는 것, 이런 것들이 꽤 고통스런 것이다.

어떻게 성령충만을 받는가?

어떻게 해야 성령충만해지는가? 내가 당신에게 진지하게 생각해보라고 권하고 싶은 것을 '세 개의 D'로 표현하자면, 소원(desire)과 결심(determination)과 절망감(desperation)

이다.

물론, 첫 번째 것은 다른 무엇보다도 성령충만을 원하는 소원이다. 성령충만을 바라는 소원이 없다면, 성령충만을 받을 수 없다.

이 소원은 다른 모든 것들을 압도할 정도로 강해야 한다. 만일 성령충만한 그리스도인이 되겠다는 당신의 소원보다 더 큰 것이 당신의 삶에 있다면, 그것이 제거되기 전에는 결코 성령충만을 받을 수 없다.

나는 처음에 회심했을 때 정말 큰 기쁨을 느꼈다. 그것은 진짜 기쁨이었다! 나는 행복한 그리스도인이었다. 그러나 나를 성령충만하게 하시기 위해 하나님은 내게서 기쁨이 사라지게 하셨다. 그리고 내 육신적 욕심이 어느 정도 끼어든 상태에서 인간적 능력으로 그분의 일을 하고 있는 나 자신을 내게 보여주셨다. 그분은 당신을 실망과 공허감에서 건져주기 원하시기 때문에 때때로 당신이 바닥까지 추락하도록 내버려두신다. 그럴 때 당신은 "내가 이 정도까지 추락할 사람은 아니었는데…"라고 탄식하며 충격에 빠진다. 그러나 당신은 그 정도까지 추락할 사람이 아닌 것이 아니다! 자신의 추락을 통해 당신은 자신이 얼마나 나쁜 사람인지를 알게 된 것이다!

이제, 성령충만을 받겠다는 소원이 당신의 삶의 다른 모든 것을 압도할 만큼 강한가? 걱정과 불안을 먼저 경험하지 않고 성령충만을 받은 사람은 하나도 없었다.

그런데 성령충만을 원하는 소원이 당신에게 있다 할지라도, 결심하지 않으면 성령충만을 받을 수 없다. 그리고 성령충만을 받겠다고 결심한 사람이라도, 스스로에게 절망감을 느껴 하나님의 품에 자신을 던져버리지 않으면 성령으로 충만해질 수 없다.

지금 나는 성령의 충만과 기름부음에 대해 말하는 것이다. 나는 '세례'라는 말보다 '기름부음'이라는 말을 더 좋아한다. "거듭난 사람은 세례를 받아 그리스도의 몸 안으로 들어간 것이다"라고 주장하는 신학적 입장이 옳다고 믿기 때문이다. 내가 사용하고 싶은 단어는 기름부음이다. 기름부음은 점진적인 것이 아니다. 과거에 어떤 사람의 머리에 기름을 부을 때 그 과정이 점진적으로 이루어진 것은 아니었다. 기름이 든 병을 기울여 부으면 기름이 턱수염을 타고 내려가 하체를 덮고 있는 옷까지 흘렀다. 반경 400미터 안에 있는 모든 사람들은 누군가에게 기름이 부어졌다는 것을 알았다. 유향과 몰약과 침향과 육계와 계피를 섞어 만든 기름은 주변을 향기로 가득 채웠기 때문이다. 기름부음은 점진적으로 진행되지 않고 순식간에 진행되었다.

기름부음으로 들어가는 길이 우리의 생각은 아니다. 우리는 눈을 감고 하나님의 품 안으로 믿음으로 뛰어들어야 한다. 하나님께 가까이 가기 위해 당신이 생각해 낼 수 있는 온갖 수단과 방법들이 실패하여 절망에 빠진 당신이 "이제 저를 성령으로 충만하게 하소서, 성령으로 충만하게 하소서!"라고 부르짖은 후에 당신은, 인간의 이성을 잠깐 정지시키고 하나님의 품 안으로 뛰어들어야 한다. 그러면, 인간의 재능과 영광과 명예와 의무와 호의가 모두 어제의 어둠 속으로 사라져버리고, 하나님의 영광과 존귀와 의무와 호의가 그 자리를 차지하게 된다. 당신은 부수어지고 녹아버린 것이다!

"성령님, 당신이 당신의 영광을 위해 준비하신 은사들을 통해 제가 당신의 일에 헌신하도록 도우소서."

✔ **묵상 포인트**

1. 성령님이 그리스도인으로서 당신의 행함이 다른 이들에게 복이 되도록 하셨을 때 그분이 사용하신 방법은 무엇인가?

2. 그리스도인으로서 당신의 행함이 더욱 커지도록 자양분을 공급하기 위해 당신은 날마다 무엇을 하는가?

3. 당신은 성령충만을 받았는가?

우리 각자가 추구해야 할 성령님

두 사람이 뜻이 같지 않은데 어찌 동행하겠으며 암 3:3

성령님은 인격적 존재이시기 때문에 그분을 한 번의 만남으로 알 수는 없다. 우리는 그분과의 관계를 깊게 하기 위해 노력해야 하는데, 나는 그 방법을 설명해주기 원한다. 그런데 그런 노력을 하려는 마음의 준비가 되어 있는 사람이 있는가 하는 의문이 내게 생긴다. 내가 볼 때, 어떤 이들은 그런 마음의 준비가 되어 있지 않은 것 같다. 성령님과의 관계를 깊게 할 수 있는 방법을 설명해주는 이 장(章)을 읽을 준비가 분명히 되어 있지 않은 사람들이 있는데, 거기에는 몇 가지 이유가 있다.

아직 준비가 되어 있지 않다

기본적 이유는 사람들이 '모든 것 되시는 분'을 위해 자기의 모든 것을 포기하려는 마음이 없다는 것이다. '모든 것 되시는 분'은 성령님이시다. '모든 것 되시는 분'은 예수 그리스도이시다. '모든 것 되시는 분'은 하나님이시다. 삼위일체는 복수가 아니라 단수이시다.

세상은 아주 다양한 것들로 가득 차 있다. 우리는 이 다양한 것들과 사랑에 빠져 복수 속에서 길을 잃지만, 하나님은 우리를 천천히 단수로 몰아가신다. 하나님은 단수이시다. 아버지 하나님, 아들 하나님, 성령 하나님, 삼위일체, 세 분이면서 한 분이신 분, 바로 이 한 분에게로 하나님이 우리를 몰아가신다.

우리는 많은 것들에 집착하면서 한 분을 망각한다. 우리는 이런 모든 것들을 포기하려고 하지 않기 때문에 '모든 것 되시는 분'을 잃어버린다('모든 것 되시는 분'은 사물들이 아니라 하나님이시다). 내가 믿기에 이런 사람들이 실제로 있다. 우리는 우리의 얼굴을 동시에 두 방향으로 향하게 한다. '두 길 보기'를 하면서, 세상도 얼마큼 얻고 하나님도 얼마큼 가까이할 수 있다고 생각한다. 세상과 하나님 사이에 있는

담장이나 밧줄 위를 걸으며 세상도 조금, 천국도 조금 누릴 수 있다고 믿는다. 나이를 먹어감에 따라 우리는 태도를 조금 바꾸어 세상은 줄이고 천국은 늘리다가, 결국 죽음이 임박하면 세상은 없어지고 천국만 남게 되기를 희망한다.

이것이 우리의 속셈이다. 이런 속셈 때문에 어떤 이들은 큰 영적 복을 놓치고, 그들과 예수님 사이에 불편한 문제가 있음을 깨닫지 못하고, 성령충만을 받지 못한다. 이 세상도 조금 갖고 저 위 세상도 조금 갖는 것에 만족하는 그들은 '저 최종적 굴복'을 위한 준비를 온전히 하지 못한다. '모든 것 되시는 분'을 위해 자기의 모든 것을 포기할 자세가 되어 있지 않다.

기독교는 보험이 아니다

많은 그리스도인들은 기독교가 일종의 보험이 되어주기를 바란다. 이것은 세상에서 이런저런 보험을 들 때 갖는 심리 같은 것이다. 그들은 지옥이 있다고 믿기 때문에 지옥에 가지 않기 바란다. 천국이 있음을 믿기에 천국에 가기 원한다. 자기의 죄를 분명히 알지만, 죄의 결과를 책임지기를 원하지는 않는다. 자신이 죽은 후에 자기가 가게 될 안전한 항구가 있다는 보장을 받기 원한다. 오직 기독교가 그런 보장을 해줄 것 같다고 믿기 때문에 기독교에 보험을 든다.

그리스도를 영접하면 지옥을 피해 천국에 간다는 보장을 얻을 것이므로 자기의 영혼이 평안을 얻게 될 것이라고 믿는다. 많은 이들이 정기적으로, 심지어는 아주 후하게 교회를 후원하겠다고 나서는 이유는 기독교에 보험을 들고 싶기 때문이다. 심지어 그들은 약간의 불편을 감수하면서까지 기독교적 삶을 살아간다.

보험이 자기에게 정말 중요하다고 믿는 사람은 보험증서에 약간 불리한 조항들이 있다 해도 기꺼이 감수할 것이다. 마찬가지로, 기독교에 보험 든 사람들은 기꺼이 어떤 것들을 끊고 또 다른 어떤 것들을 행한다. 그들의 삶도 바꾼다. 하지만 근본적으로가 아니라, 표면적으로 조금만 바꾼다!

사회적 기독교

성령충만을 받을 준비가 안 된 사람들이 또 있는데, 그들은 기독교를 영적인 관점에서 보지 않고 사회적 관점에서 본다. 그들은 신약성경의 독한 포도주에 물을 잔뜩 타서 거의 아무 맛이 안 나게 만들기 때문에 신약의 말씀은 자장가처럼 들린다. 신약의 말씀을 소설책 정도로 여기는 그들에게 있어서 기독교는 성경 한 구절에다 그들의 머리에서 나온 두 구절을 더하고, 다시 신문에 나온 세 구절을 더하고, 다시 연감(年鑑)의 네 구절을 더하고, 다시 자기가 읽은 책에 나온 다섯 구절을 더한 것에 불과하다. 그들의 기독교는 그들이 만든 잡탕에다 하나님과 성경을 조금 섞어 넣은 것이다!

오늘날 많은 교회들은 사회적 가치를 위해 존재한다. 거기에 신앙은 전혀 없다. 그런 교회들은 성경을 믿지 않고, 그리스도를 구주로 믿지 않고, 정확히 정의된 참 하나님을 믿지 않으면서도 그럭저럭 생존해나간다. 교육관 건물을 건축하고, 매년 수백억 또는 수천억의 헌금을 받아 사회 속에서 큰 명성을 그대로 유지하는 가운데 교인들의 사회적 관계와 유대가 풍성해진다. 그런데 그것이 전부다! 그 이상은 없다!

그런 교인들에게 성령충만을 받는 법이나 성령님과 친

해지는 법을 말해봤자 '쇠귀에 경 읽기'밖에 안 된다. 사회적 교류가 그들의 교회 출석의 목적이기 때문이다. 그들에게는 교회가 젊은 남자가 젊은 여자를 만나고, 젊은 여자가 젊은 남자를 만나고, 오래된 절친들이 서로 만나고, 서로 골프 얘기를 나누고, 정치 얘기도 하고, 초로(初老)의 여자들이 모여 아무개와 아무개가 약혼을 했다더라, 누가 출산을 앞두고 있다더라, 어떤 부부가 헤어진다고 하는 것 같더라 등등으로 이야기꽃을 피우는 곳일 뿐이다. 그들에게 교회는 약간의 신앙을 곁들인 사교모임이다.

이런 말을 듣고 어떤 이들은 "우리 교회는 그렇지 않습니다"라고 말할지 모르겠다. 하지만 그들은 교회 출석에서 사교모임이라는 의미밖에 없는 사람들이 얼마나 많은지를 알면 무척 놀랄 것이다. 전능자 하나님께서 엑스선(x-ray)을 우리의 마음에 투과시키신다면, 정말 깜짝 놀랄 것이다!

연예 오락에 마음을 빼앗긴 사람들

어떤 이들은 성령님과의 관계를 깊게 하거나 성령충만을 받는 법에 대해 귀를 기울일 마음이 없다. 새 예루살렘보다는 할리우드에 더 영향을 받기 때문이다. 성경보다는 영화잡지에 더 영향을 받는다. 옷 입는 법, 표정, 꾸밈, 생활습성, 사용 언어, 및 그 밖의 모든 것들에서 그들은 하나님과 그분의 사람들보다는 할리우드와 브로드웨이를 더 닮는다.

진정한 의미에서 그들은 그리스도인이 아니다. 그들을 찾아오시는 하나님의 개입을 전혀 허락하지 않기 때문이다. 그분이 자기들을 변화시키시도록 문을 열지 않는다. 어떤 변화도 원하지 않는다. 자기들이 그분을 영접했다고 말하지만, 그야말로 말뿐이다!

사람들은 라디오나 텔레비전의 연속극을 꼬박꼬박 챙겨보지만, 연속극들은 모두 거의 비슷하다. 연속극은 문제 상황을 만들어놓고 진행된다. 마치 실제의 세상살이에서는 아무 문제가 없어서 너무 심심하다는 듯이 말이다! 우리는 상상으로 만들어낸 문제 상황이 우리 모두를 자꾸 자극하도록 라디오나 텔레비전에 돈을 지불한다. 실제 현실에서는 고민에 빠진 사람을 위해 진정성 있는 눈물을 한 번도 흘린 적이 없지만, 드라마 촬영 스튜디오의 한쪽 구석에 놓인 책상에 앉아 고민에 빠져 있는 등장인물을 보고는 언제라도 눈물을 흘리는 사람들이 많다.

예수님은 상상으로 만들어낸 고통에 대한 얘기를 들으려고 이 땅에 오신 것이 아니다. 진짜 고통의 문제를 해결하려고 오셨다! 그러므로 그리스도인으로서 우리가 정말 그리스도인답게 산다면, 현실 속의 진짜 어려움과 슬픔에 관심을 가질 것이다. 빌리 선데이(Billy Sunday, 1862~1935. 미국의 운동선수 및 복음전도자)는 그의 시대의 사람들에게 이렇게 말했다.

"여러분 중 어떤 이들은 정말 아기 같습니다. 타락하여 길을 잃은 사람들을 위해서 눈물을 흘린 적이 한 번도 없으면서도(만일 있었다면, 그것이 언제인지는 하나님만 아시겠죠), 오페라 극장에 가서는 어떤 늙은 여자를 불쌍히 여겨 여러분의 예쁜 장갑을 눈물로 적십니다. 그러나 그 여자는 정말 괴로운 것이 아니라 등장인물로서 연기하는 것뿐입니다!"

그의 이 말은 그 당시의 상황에서 의미심장한 말이었고, 또 이 시대에도 마찬가지다.

짜릿함을 추구하는 사람들

그 이유는 잘 모르겠지만 우리는 짜릿함을 원한다. 어떤 짜릿함이라도 원한다. 사람들은 어떤 방법으로든 짜릿함을 느끼고 싶어 하는데, 어떤 이들은 성령충만이 줄 수 있는 짜릿함 때문에 성령충만을 원하고 성령님을 알기 원한다.

그런 사람들은 성령충만이 주는 짜릿함은 원하지만, 그것이 주는 거룩함은 원하지 않는다. 성령충만한 삶의 기쁨은 원하지만 그것의 정결함은 원치 않는다.

성령님과 동행하겠는가?

어떻게 우리는 성령님과 더욱 친해질 수 있을까? 성경에는 "두 사람이 뜻이 같지 않은데 어찌 동행하겠으며"(암 3:3)라는 말씀이 나온다. 이것은 물론 수사의문문이기 때문에 질문 자체에 이미 그 대답이 내포되어 있다. 두 사람이 뜻이 같지 않은데 동행할 수 있는가? 이에 대한 대답은 물론 '아니오'(no)이다.

두 사람이 동행하려면 몇 가지 중요한 점에서 서로 동의해야 한다. 우선, 가는 방향에 대해 동의해야 한다. 당신과 나 사이에 이런 대화가 오고간다고 치자. 내가 "나는 오늘 산책을 할거야"라고 말하니까 당신이 "나도 그럴 건데, 우리 같이 갈까?"라고 말한다.

내가 "우리가 같은 방향으로 간다면 그럴 수 있지"라고 말하자 당신이 "그래? 나는 동쪽으로 가는데"라고 대답한다. 그러자 내가 "미안하지만, 나는 서쪽으로 가는데"라고 말한다.

똑같은 길로 가겠다고 합의하지 않으면 동행할 수 없다. 성령님이 가시는 길과 방향에 우리가 동의하지 않으면 그분과 동행할 수 없다.

동행하려는 사람들은 그들이 가는 방향뿐만 아니라 그들의 목적지에 대해서도 합의해야 한다. 그들은 자기 나름의 분명한 목적지를 정하고 "나도 그곳에, 즉 그 목적지에 가려고 합니다"라고 말할 수 있어야 한다. 그럴 수 없다면 동행은 불가능하다.

또한 어느 길로 갈 것인지에 대해서도 합의가 있어야 한다. 내가 뉴욕에 가려고 할 때 거기에 이르는 방법이 네다섯 가지가 있다. 내가 누군가와 뉴욕까지 함께 가려면, 거기에 이르는 한 가지 경로를 함께 정해서 "우리는 함께 있을 것입니다. 서로 다른 길을 선택하지 않고 동일한 경로로 갈 것입니다"라고 말할 수 있어야 한다.

우리가 중국에 가려고 한다면, 동쪽으로 출발해서 중국에 도달할 수도 있고, 서쪽으로 가서 도달할 수도 있다. 물론, 그 방향은 어떤 길을 선호하느냐에 따라 달라진다. 우리 선교사들 중 어떤 이들은 인도에 가기 위해 서해안에서 배를 타고, 또 어떤 이들은 동해안에서 출발해서 지중해로 들어가서 다시 아래로 내려가 빙 돌아서 인도에 도착한다. 동행하려는 사람들은 여행 경로에 합의를 보아야 한다.

또한, 함께 길을 가려는 사람들은 동행하는 것이 서로에게 유익하다는 데에 의견의 일치를 보아야 한다. 함께 여행하는 파트너로서는 적합하지 못한 사람들도 있다. 그러므로 동행하기로 결정하기 전에 "저 사람이 나와 동행하기에 적합한 사람인가?"라고 스스로에게 묻고 대답해야 한다!

다른 사람과 동행하려는 사람들은 가는 방향과 목적지와 여행경로에 대해 합의를 보아야 하고, 서로 동행할 의사가 있는지를 확인해야 한다. 동행하기를 원하지 않는 사람들도 있는데, 그런 사람들은 동행하겠다고 마음먹지 않는 한 상대방과 동행할 수 없다. 이와 마찬가지로, 우리도 성령님과 실제로 동행하겠다고 마음먹지 않으면 그분과 동행할 수 없다.

거룩한 길을 원하는가?

지극히 진지하게 말하건대, 거룩한 길을 가지 않는 사람은 성령충만한 삶을 살 수 없다. 어떤 이들은 성령충만해지기 위해 밤을 새며 기도의 씨름을 하지만, 자기의 삶을 깨끗하게 할 의도는 없다. 성령충만하기 위해 많은 것들을 행하지만, 생활을 정결하게 하는 것은 안 한다. 그들은 '그들의 거룩함의 수준에 맞는 영'을 원할 뿐이지 '거룩하신 영', 즉 성령님을 원하는 것이 아니다. 그들은 짜릿함을 주시는 성령님을 원하지만, 만일 당신이 성령님의 거룩하심을 강조하면 그들은 뒷걸음질 친다. 그들은 성령충만한 사람이 느낄 수 있는 짜릿함을 원하지만, 그들의 삶을 거룩하게 하시는 성령님을 원하지는 않는다. 성령충만한 삶은 거룩한 삶이어야 한다. 민감하신 주님의 영은 죄를 사랑하는 거룩하지 못한 사람 안에 거하시지 않기 때문이다.

죄를 사랑하는 남자나 여자가 죄를 버리지 않으면 성령님과 동행할 수 없다. 성령님은 거룩한 분이시며, 그분이 거하시는 곳을 거룩하게 하신다. 그분은 '그분이 들어오실 거룩한 곳'을 요구하시지 않고, 그분이 들어오실 곳이 거룩하게 되기를 원하는 마음을 먹으라고 당신에게 요구하신다. 일단 안으로 들어오시면 그분은 그분의 발이 닿은 곳을 영광스럽게 하신다. 이것이 무엇을 의미하든지 간에, 한 가지 분명한 것은 이것에 "하나님이 어디로 내려오시든 간에 그분의 발이 닿은 곳은 영광스런 곳이 된다. 그분의 발이 그곳에 닿았기 때문이다"라는 뜻이 들어 있다는 것이다. 그분은 그분의 발이 닿은 곳을 영광스럽게 하시는데, 만일 그분의 영이 우리의 마음속에 들어오시면 우리의 마음을 영광스럽게 하신다. 그렇다고 우리의 마음을 반드시 짜릿하게 하시는 것은 아니다.

우리는 "널리 이름을 날리려면, 또는 스펄전처럼 설교하려면 성령충만을 받아야 합니다"라고 하며 사람들에게 성령충만 받으라고 격려하는 경향이 있다. 그러나 성령님은 어떤 사람의 이름을 널리 퍼뜨려 그를 유명 인사로 만들어주기 위해 임하신 적이 아직 한 번도 없다. 그에게 명예를 얻게 해주기 위해 임하신 적이 없다. 하나님의 영이 오시는 것은 그를 거룩하게 하고, 그에게 은사를 허락하고, 그로 하여금 복음을 증언하도록 하기 위함이다.

어떤 이들은 빌리 그레이엄처럼 되기 위해 성령충만을 원한다. 그러나 당신이 이름조차 알려지지 않아 듣도 보도 못한 무명의 사람이 되어, 다른 위대한 사람들의 그림자에 가려진 채 세상의 뒷골목을 다니겠다고 마음먹을 때 비로소 성령충만을 받을 수 있다. 당신이 그 위대한 사람들의 그림자에 가려져 걸어갈 때 사람들은 그들에게 칭찬을 보내지만 당신을 주목하지는 않는다. 중요한 인물이 되기 위해 성령충만을 원하면 성령충만을 받을 수 없다. 유명 인사가 되겠다는 욕망, 인기를 얻겠다는 욕구, 널리 이름을 날리겠다는 욕심, 위대한 인물이 되고 싶은 간절한 마음이 하나님의 모든 일을 물거품으로 만들기 때문이다.

바울은 그가 세련되고 유창한 말이 아니라, 누구나 이해할 수 있는 쉽고 투박한 언어로 말했음에도 불구하고 그의 증언에 능력이 있다고 말했다(고전 2:1-4). 이 넓은 온 세상에서 가장 큰 은사는 온유하고 고분고분한 마음이다. 당신은 그런 마음을 갖기 원하는가? 유명해지기보다는 차라리 온유하고 고분고분한 사람이 되기를 원하는가? 위대한 사람이 아니라 그런 사람이 되기를 원하는가? 하나님이 보시기에는, 자기를 드러내지 않는 온유한 사람이 아주 귀한 존재다.

성령님은 우리를 길들이신다

하나님이 보시기에 우리는 길들여지지 않은 당나귀 같다. 길들여지지 않은 당나귀는 콧구멍이 벌어져 있고, 눈매가 부드럽지 못하고, 귀는 뒤쪽으로 기울어져 있고, 가죽이 몸에 닿는 것을 싫어하고, 사람과의 신체적 접촉이나 사람의 냄새를 싫어한다. 이런 당나귀 같은 우리에게 성령님이 찾아오시어 우리를 떠맡으시고, 농장 사람들의 말대로 표현하자면, '망아지 길들이기'를 시작하신다. 망아지를 길들이기 시작하면 그 녀석의 성질이 변하기 시작한다. 양쪽 귀에는 생기가 돌고, 당신이 오는 것을 보면 히힝 하는 소리를 낸다. 눈매도 부드러워지고, 우리가 그 녀석의 목에 손을 얹으면, 몸을 구부려 주둥이를 우리에게 갖다 댄다. 다른 말은 못 알아들어도 '이랴!'라는 말은 알아듣는다. 아이들이 나가서 그 녀석과 놀게 해도 사고가 나지 않는다. 그 녀석은 길들여진 것이다!

하나님의 영도 당신을 길들이기 원하신다. 당신을 길들여 온유하고 겸손하게 만들기 원하신다. 성령님의 능력에 의해 변화되어 고분고분하고 순종하고 온유하고 믿을 만한 사람으로 바뀐 그리스도인에게는 온 세상의 재물보다 더 귀한 보물이 있는 것이다! 길들여지고 깨어지고 순화되고 겸손해지고 고분고분해지고, 퀘이커 교도들의 표현대로, '따뜻하고 부드럽게 변한' 남자나 여자에게 주어진 보화 앞에서는 미연방금괴저장소(Fort Knox)의 모든 금도 무색해진다.

거룩한 영적 연합

하나님의 영과의 하나 됨이 있어야 한다. 우리의 관점과 소망과 생각이 하나님의 영과 하나가 되어야 한다. 나는 그분과의 하나 됨을 통해 그분과 더욱 깊이 교제하며 더욱 친해지기 위해 힘쓴다.

엘리자베스 1세 여왕의 시대(1558~1603) 이전에는 성령님과 하나 되는 것에 대해 사람들이 이야기하곤 했다. 어떤 익명의 저자는 《미지의 구름》이라는 그의 책에서 이런 취지로 말했다.

"나는 성령님과 하나가 되기 원하는 사람들만 이 책을 읽기 바란다. 성령님과 하나가 된다는 것은 그분과 하나로 연합하는 것이고, 둘이 하나가 되는 것이고, 하나로 결합하는 것으로서 '거룩한 영적 연합'이다."

성령님과 친해지는 방법은 우선 그분과 하나가 되고 그분께 복종하는 것이고, 그분이 당신을 아시듯이 당신이 그분을 아는 것이고, 그분이 가시는 길과 똑같은 길을 가기를 원하는 것이고, 그분이 계신 길에 똑같이 있기를 원하는 것이고, 그분처럼 되기를 원하는 것이다. 그분을 알고 온유해지기 위해 노력하면, 하나님의 나라에서 유익을 얻게 된다. 하지만 사실, 나의 이런 말을 들을 준비가 되어 있지 않은 사람들이 많다. 그들은 내 모든 말을 아직 이해하지 못한다. 성령님과 우리가 동행할 수 있다는 판단에 아직 이르지 못했다. 그러나 그분과의 동행이 가능하다는 걸 알게 되면, 얼마나 큰 변화가 생기겠는가!

우리의 필그림 파더즈(the Pilgrim Fathers, 잉글랜드로부터 메이플라워를 타고 북아메리카로 와서 플리머스에 정착한 사람들)는 아무것도 깔지 않은 바위 위에서 무릎을 꿇고 하나님을 예배했다. 우리는 그들이 치른 대가를 가볍게 여겨서는 안 된다. 우리도 그들처럼 신령한 사람이 되어야 한다. 하나님을 알아야 한다. 하나님께 점점 더 가까이 나아가야 한다. 그분과 친해지기 위해 힘써야 한다. 그분으로 충만해야 한다. 그분과 항상 계속해서 깊은 관계를 맺어야 한다.

"성령님, 저는 오직 당신 때문에 당신을 영접합니다. 당신의 임재가 저를 압도하고 저를 저 은밀한 곳에 숨기게 하소서."

✅ 묵상 포인트

1. 오늘 당신과 성령님의 관계에 방해가 되는 것은 무엇인가?

2. 당신은 무엇을 얼마나 많이 포기할 것인가?

3. 성령님과 당신의 관계는 어디로 가고 있는가?

날마다 성령님과
동행하는 삶

여호와의 인자와 긍휼이 무궁하시므로 우리가 진멸되지 아니함이니

이다 이것들이 아침마다 새로우니 주의 성실하심이 크시도소이다

애 3:22,23

성령님에 대한 책들 중 그 어떤 책도 그분에 대해 다 말할 수는 없다. 이 책도 예외는 아니다. 그분에 대해 한 시리즈의 책을 쓴다 해도 그분에 대해 다 얘기할 수 없을 것이다. 그분에 대해 알면 알수록 그만큼 내가 알지 못하는 것이 많다는 걸 깨닫게 되기 때문이다.

나는 날마다의 삶에서 성령님을 찾기 원한다. 나의 행함이 그분과 완전한 조화를 이루기 원한다. 이것은 이제까지

내 인생의 도전이었고, 또 내가 이 세상을 떠나 저 세상으로 가는 날까지 계속 도전할 바다. 그리고 저 세상에 가서는 지금보다 더 준비가 잘 된 상태에서 그분을 더욱 더 추구하게 될 것이다.

나는 이 책에서 성령님에 대해 내가 확신하는 바를 제시하려고 노력해왔다. 내 말의 근거를 성경 말씀에서 찾으려고 최대한 주의를 기울였다. 그럼에도 만일 당신이 이 책에서 성경 말씀에 어긋나는 것을 발견한다면, 그것은 버리라. 성령님에 대한 우리의 말 중 어떤 면도 성경 전체의 교훈과 모순되면 안 된다.

이제 나는 성령님을 떠나서는 누구도 하나님의 말씀을 정확히 알 수 없다는 것을 강조하려고 한다. 이 점에 대해서는 조금 후에 언급하겠다.

오래 전에 성령님을 체험한 후, 일상생활에서 최우선순위로 삼은 것이 있다. 그것은 성령님을 알고, 또 그분과 인격적이고 체험적인 관계를 키워나가는 것이었다. 사실 '그분에 대해서' 아는 것은 '그분과의 개인적 친분을 통해서' 아는 것과 전혀 다르다. 나는 이제까지 계속 후자를 강조해왔다. 대다수의 사람들이 미국 대통령을 알지만, 그와

개인적 친분을 가진 사람은 극소수다. 성령님의 경우도 그
와 같다.

나 자신이 성령님을 계속 추구하도록 만든 날마다의 행
함에는 대략 일곱 가지 요소가 있다. 그것들에 대해 대략
적으로 설명하려고 하는데, 내 설명이 당신의 마음에 와
닿을 것이라고 믿는다.

천천히 행한다

그리스도인으로서 나의 행함에 있어 아주 중요한 첫 번
째 사항은 성령님보다 앞서지 않도록 천천히 행하는 것이
다. 너무 서두르느라고 결국에는 아무 결실도 맺지 못하는
사람들이 많다.

그리스도인이 된 후에 처음으로 성령의 능력을 받았을
때, 나는 전속력으로 질주했다. 당시에 나는 아는 것이 많
지 않았고, 그런 나의 무지를 알았던 나는 최대한 많이 알
기 원했다. 지식에 대한 나의 갈증은 거의 강박적이었다.

그런데 그리스도인으로의 행함이 성숙해지면서, 나는
전속력으로 달리는 질주가 위험하다는 걸 알게 되었다. 내
생활 속에서 하나님보다 앞서가면 위험하다는 걸 깨닫게

된 것이다.

나는 성령님이 어떤 일에서든 그분의 뜻을 행하실 수 있는 충분한 시간을 그분께 드리는 법을 배웠다. 나의 독특한 성격을 생각하며 그분이 어떻게 일하셔야 하는지에 대해, 또 그분이 어떤 스케줄에 따라 일하셔야 하는지에 대해 그분께 내 생각을 이러쿵저러쿵 말씀드리는 죄를 범했다. 이런 식의 내 행동으로는 아무런 열매를 맺지 못했다는 걸 고백한다.

지식에 대한 내 갈증은 줄어들지 않았지만, 나는 지식 습득의 속도를 조절하는 법을 배웠다. 예를 들면, 성경읽기를 처음 시작했을 때 나는 하루에 성경을 얼마큼 읽을 수 있는지를 확인하려고 애썼다. 당신도 나처럼 해보았다면, 그 결과가 어떤 것인지 잘 알 것이다.

이제 나는 성경을 전속력으로 읽지 않고 인내심을 갖고 묵상하면서 읽는다. 성경 한 절을 완전히 내 영혼 속에 가득 채운 후에야 비로소 다음 절로 넘어간다. 내 성경읽기의 목적은 성경을 읽는 것 자체가 아니라 '살아 있는 말씀'을 만나는 것이다. 내가 여러 번 말했듯이, 당신이 성경을 읽고 '살아 있는 말씀'을 만나지 못했다면 성경을 정말로 읽은 것이 아니다.

속독이 좋다고 말하는 사람들도 있다. 하지만 나는 다른 책들은 속독으로 읽어도 성경은 속독으로 읽으면 안 된다는 것을 배웠다. 또한 처음부터 끝까지 다 읽을 필요가 없는 책들도 있지만, 성경은 그런 책들과 전혀 다르다. 나는 성경이 나에게 주기 원하는 것을 얻기 위해서는 얼마든지 시간을 투자할 용의가 있다. 나는 하나님이 먼저 움직이시기를 기다린다.

성령님이 성경 산책에 나를 데리고 다니시도록 충분한 시간을 드리는 것이 내 의무다. 그래야 그분께서 내 삶을 향한 그분의 뜻을 이루실 수 있다.

전문가라는 사람들을 믿지 말라

내가 언급하고 싶은 두 번째 사항은 전문가들을 믿지 말라는 것이다. 특히, 교리 문제들에 있어서 말이다. 물론 교리가 좋은 출발점이기는 하지만, 그것은 어디까지나 출발점일 뿐이다. 성령님이 성경 속에서 **뼈대**를 잡아주신 성경의 교리를 이해하려고 힘써야 하지만, 거기서 끝나지 말고 그 교리를 당신 개인의 삶에서 체험하는 단계까지 나아가라.

옛 성도 중 한 사람은 "만일 당신이 어떤 교리를 당신 개인의 삶에 날마다 적용할 수 없다면, 그 교리를 정말로 이해한 것이 아니다"라고 말했다. 성경의 교리는 신학적 스포츠를 위한 놀이터가 아니다. 어떤 이들은 교리를 알지만, 그것을 그들의 개인적 삶에서 체험한 적이 없다.

나는 무엇이 정말로 참된 것인지를 알기 위해 날마다 성경을 찾는 법을 배웠다. 물론 나는 교리를 설교하고 가르치는 것이 필요하다고 믿는다. 그리고 나도 늘 그렇게 하고 있다.

그렇지만 교리를 설교하고 가르치는 것이 단순히 진리를 제시하는 것으로 끝나서는 안 된다. 나는 교리를 설교하고 가르치면서 '진리' 자체이신 분을 추구해야 한다고 강조한다. 만일 우리가 주 예수 그리스도에게 뿌리를 두지 않은 성경의 교리를 붙들고 있다면, 그 교리를 정확히 이해한 것이 아니다.

물론 나는 전문가들의 책을 읽었고, 사람들에게도 그렇게 하라고 권한다. 그렇지만 내 믿음이 전문가들의 교훈 위에 서 있지는 않다. 내 믿음은 하나님에 대한 개인적 체험에 뿌리를 두고 있다. 그렇게 되도록 만든 분은 성령님이시다.

반대를 두려워하지 말라

내가 세 번째로 언급하고 싶은 것은 반대를 두려워하지 않는 법을 배웠다는 것이다. 나는 젊은 그리스도인이었을 때, 구할 수 있는 책이라면 모두 읽었다. 심지어 무신론자들의 책도 읽었다. 그들이 왜 하나님을 믿지 않는지 알고 싶었기 때문이다. 그들이 어째서 하나님을 그들의 삶 밖으로 내보내는 지경까지 이르렀는지 알고 싶었다. 그 책을 다 읽고나면 책을 내려놓고 하나님께 "오, 하나님, 제가 이 사람의 질문에 대답할 수는 없지만, 저는 당신을 압니다"라고 큰 소리로 기도했던 적이 많았다.

무슨 이유 때문인지는 정확히 모르겠지만, 우리는 모든 이들의 질문에 대답해야 한다는 생각에 사로잡혀 있다. 하지만 나는 대답할 가치조차 없는 질문들도 있다는 걸 알게 되었다. 많은 경우에 있어서 사람들은 우리를 올무에 걸려들게 하려고 질문을 하는데, 불행하게도 많은 그리스도인들이 올무 속으로 걸어 들어가고 만다. 사실, 나도 여러 번

걸려들었다.

내가 믿는 분이 누구이신지를 안다면 반대가 꼭 나쁜 것만은 아니다. 내가 진리를 믿으려고 한다면 반대에 부딪힐 것을 각오해야 한다. 만일 아무런 반대가 없다면 오히려 나 자신을 살피며, 내가 무엇을 잘못하고 있는지를 찾아야 할 것이다.

모든 걸 안다는 착각에 빠지지 마라

내가 또 말하고 싶은 것은 당신이 모든 것을 안다는 착각에 빠지지 말라는 것이다. 다른 사람들의 경우는 잘 모르겠지만, 적어도 나는 모든 것을 안다는 착각에 빠진 적이 꽤 많았다. 만일 당신도 나와 같은 경험을 한 적이 있다면, 그럴 때 어떤 문제들이 생기는지 잘 알 것이다.

영적 지식이 영적 체험으로 발전하는 것은 시간을 갖고 전개되어 나가는 하나의 과정이다. 그것은 길을 따라 걸어가면서 길가에 피어 있는 장미꽃을 즐기는 것과 같다. 나는 날마다 주 예수 그리스도를 더 많이 알게 된다. 오늘 내가 알고 있는 것은 작년 이맘때 알고 있던 것보다 훨씬 더 많다.

내가 그리스도인이 되었던 첫 해가 생각난다. 그때 젊은 그리스도인이었던 나는 모든 것을 안다는 착각에 빠져 있었다. 그러나 이제 내 인생의 큰 기쁨은 하나님에 대해 새로운 것들을 배우고 그분과 나 사이의 관계에서 새로운 것들을 체험하는 데 있다. 오늘 내가 아무리 많이 알고 있다 해도, 내일 그분에 대해 또 새로운 것을 알게 될 것이다. 나는 날마다의 삶에서 그분의 새로운 면을 발견하기를 갈망한다. 그분의 자비는 날마다 새롭다. 그분의 자비의 새로운 면을 발견하는 것은 그분과의 매일매일의 동행이 주는 큰 기쁨이다.

필수적이지 않은 것에 얽매이지 말라

내가 다섯 번째로 말하고 싶은 것은 필수적이지 않은 것들의 수렁에 빠지지 말라는 것이다. 젊은 그리스도인이었을 때 나는 필수적이지 않은 신학적 논쟁들에 끼어들고 싶은 유혹을 받았다. 예를 들면, '어떤 세례가 정말 맞는 것인가?' 하는 논쟁 말이다. 이런 것은 '바늘 끝 위에서 몇 명의 천사들이 춤을 출 수 있는가?' 하는 문제만큼이나 무익한 논쟁이다.

'어떤 성경 번역이 정확한가?'

'성찬은 얼마나 자주 행해야 하는가?'

필수적이지 않은 이런 교리 논쟁들에 많이 휘말렸기 때문에, 하나님을 알고 내 삶에서 새롭게 체험하는 일들에서 속도가 느려졌다. 지금은 머리카락을 몇 조각으로 가르는 것 같은 이런 식의 지극히 세부적인 논쟁들을 접하면 슬쩍 피해 가는데, 그럴 때마다 겸연쩍다. 주요 교리들의 핵심들은 신학자들이 잘 정리해 놓았다. 그러므로 당신이 받아들인 주요 교리의 핵심이 잘못된 것이 아니라면, 당신에게는 아무 문제가 없으니 안심하라.

평생 내가 받은 큰 복들 중 하나는 위대한 신비가(神秘家, mystic)들의 책을 읽은 것이다. 그들을 인용한 것 때문에 나에게 많은 비난이 쏟아지기도 했다. 그들이 믿은 것들 중 일부가 건전한 복음주의에 어긋나기 때문이다. 그러나 나는 그들이 주장한 주변적인 문제들에는 별로 관심이 없었다. 나는 그들과 하나님의 관계에 대해, 그리고 그 관계가 날마다 그들에게 어떤 동기를 부여했는지에 관심이 많았다.

사실, 나는 그들이 믿었던 것들 중 많은 것들에 동의하지 않았고, 동의할 수도 없었다. 나는 그런 것들이 비본질적인 것이라고 여겼다. 반면, 내가 본질적인 것이라고 여긴 것은 그들이 하나님과 맺은 관계였다. 나는 그들이 하나님에 대해 무엇을 알았는지, 그것을 어떻게 알았는지, 그것이 그들의 삶을 어떻게 바꿔 놓았는지를 알기 원했다.

우리는 필수적이지 않은 것들, 즉 비본질적인 것들에 함몰되어 위로 힘차게 올라가지 못하고 겨우 중간 수준에 머물러 헤매기 쉽기 때문에, 이를 경계해야 한다.

성령님이 말씀하시도록 하라

날마다의 신앙적 행함에서 정말로 중요했던 것 중 여섯 번째는 성령님의 음성에 귀를 기울이는 것이었다. 물론, 이런 말을 하는 것이 현재 복음주의 교회들의 분위기와 맞지 않다는 것을 잘 안다. 성경구절을 인용해 말한 다음, 교회에서 나가서는 곧 자기 뜻대로 살아가는 사람들이 우리 중에 있다는 것도 잘 알고 있다.

어떤 설교자가 이렇게 살아간다는 말을 들을 때마다 나는 뒷문으로 조용히 빠져나가 조용한 곳을 찾아 성령님에게 음성을 들려달라고 기도한다. 성경을 펴고 성령님 앞에서 잠잠하기만 해도, 그분이 내 마음속에서 일하시며 내게 말씀하신다. 그리스도인의 체험에서 가장 위대한 것은 그분이 말씀하시는 바를 듣는 것이다.

어떤 이들은 그분의 음성에 대해 질문할 것이다. 나도 사실 잘 모른다. 내가 아는 모든 것은 그분이 내 영 안에서 말씀하시며, 내 영을 그분의 임재로 채우신다는 것이다. 그럴 때면 나는 내가 세상 안에 있는지 아니면 세상 밖에 있는지 모르지만, 바울이 고린도후서 12장 2절에서 한 말을 조금은 이해하게 된다.

나는 날마다 성령님이 내게 말씀하실 수 있는 공간을 그분께 드려야 하는데, 그럴 경우 내 삶은 그분의 은혜에 대한 간증이 된다.

소수만이 참여하는 모종의 은밀한 신앙그룹에서 하나님의 음성을 듣겠다는 유혹이 오면 누구나 쉽게 넘어갈 수 있다. 나는 자기의 머릿속에서 음성을 듣는 사람들에게 의심의 눈초리를 보낸다. 내가 여기서 말하는 것은 그런 사람들이 하는 것과는 전혀 다른 것이다. 내가 말하는 것은 세상에서 가짜로 만들어낼 수 없는 놀랍고 '두려운 신비'(mysterium tremendum) 가운데 성령님이 내게 나타나시는 것이다. 내가 이것을 다 설명할 수는 없겠지만, 그분이 내게 말씀하시면 나는 즉각 알아차리고 하던 일을 모두 멈춘다.

하나님의 말씀에 최고의 자리를 내어드려라

마지막으로 말하고 싶은 것은 성경을 최우선시하는 것
이다. 나는 올바른 성경 번역이 어떤 것이냐 하는 문제를
이미 초월했다. 내가 볼 때 이런 논쟁은 우리가 가장 중요
한 하나님의 말씀에 집중하지 못하도록 원수가 만들어낸
것이다.

내가 하는 일은 성경을 펴고, 그 성경 앞에 무릎을 꿇고,
성경을 읽는 것이다. 그렇지만 전속력으로 달려가듯 읽는
것이 아니라 하나님이 주시는 것을 받겠다는 자세로 읽는
다. 내가 생활 속에서 하나님의 말씀을 가장 우선시하면,
그분은 내 이런 태도에 보답하셔서 그분의 말씀의 의미를
드러내신다.

우리는 기술(technology)을 통해서도 성경을 이해할 수 없
다. 어떤 이들은 성경이 거짓이라고 증명하기 위해 기술과
과학적 실험을 동원한다. 물론 기술과 과학을 사용해 당신
이 증명하고 싶은 바를 증명할 수 있겠지만, 성경은 그런
식의 방법에 문을 열어주지 않는다.

성경이 하나님의 말씀이라는 것을 알려면, 내 삶 속에서 성령님이 일하셔야 한다. 성령님은 말씀을 열어주시고, '살아 계신 말씀'이신 주 예수 그리스도에게 빛을 비추어 그분을 내게 계시해주신다.

성경에 대해서는 아무리 많이 말해도 지나치지 않을 것이다. 젊은 그리스도인이었을 때 나는 하나님의 말씀에 굶주렸다. 나는 성경을 읽고 묵상하기 원했다. 그때는 성경 말씀을 암송할 필요가 없었다. 말씀을 묵상하면 자동적으로 암송이 되었기 때문이다. 어떤 이들은 성경구절을 암송하지만, 그 구절의 의미는 모른다. 나는 성령님이 언제라도 즉시 말씀을 사용하시도록 말씀을 내 마음속에 채워 넣었다. 우리가 말씀을 연구하는 방법들은 우리 마음속에 채워져 있는 하나님의 말씀을 사용하시는 성령님의 일하심 앞에서는 무색해진다.

'날마다' 행하라

이제 내 얘기를 끝내면서 강조하고 싶은 것은 '날마다'라는 말이다. 하나님과 나의 동행은 성령님의 도우심 가운데 '날마다' 일어나는 것이다. 성령님을 더 많이 알면 알수록 나는 성경, 성령의 은사들, 성령의 열매들, 그리고 하나님이 일하시는 방법들을 그만큼 더 깊이 알게 된다.

우리는 하나님의 일하심을 인간적 관점에서 설명하려고 애쓴다. 그러나 이제 그분의 일하심을 그분의 관점에서 설명해야 할 때가 왔다. 그렇게 하는 것이 내 사역의 목표이기도 하다. 하나님을 알게 되면 그분의 관점을 이해하게 된다. 하나님의 관점은 인간의 관점과 같지 않다. 인간은 시간의 관점에서 일하지만, 그분은 영원의 관점에서 일하신다.

이 책을 쓰면서 내 마음에 품은 최고의 소망은 독자들이 성령님의 일하심을 통해 말씀 안에서 하나님을 찾도록 자극하는 것이다. 나는 당신에게 이런 도전을 주고 싶다.

성경을 열심히 공부하라! 그리고 성령님과 그분의 일하심에 대해 성경이 우리에게 가르쳐주려는 것들에 대해 당신 나름대로 결론을 내려라! 나를 포함해서 그 누구의 견해일지라도 무조건 당신의 것으로 받아들이지 말라! 무릎을 꿇고, 성경을 펴고, 성령님에게 복종하는 가운데 그분이 당신의 삶 속에서 날마다 행하시는 것을 보라!

성령님 안에서 살아가는 삶보다 더 위대한 것이 있을까?

"거룩하신 성령님, 이 책의 독자들을 위하여 기도하오니, 그들이 깊은 확신에 이르도록 그들의 마음을 깊이 찌르소서. 그리고 기도하오니, 그 깊은 확신으로 말미암아 그들이 '당신 안에서 진정으로 역동적인' 삶을 살게 하소서."

성령님을 추구하라

초판 1쇄 발행	2023년 4월 20일
지은이	A. W. 토저
옮긴이	이용복
펴낸이	여진구
책임편집	이영주 박소영
편집	최현수 안수경 김도연 김아진 정아혜
책임디자인	노지현 ǀ 마영애 조은혜 이하은
홍보·외서	진효지
마케팅	김상순 강성민
제작	조영석

마케팅지원	최영배 정나영
경영지원	김혜경 김경희 이지수

303비전성경암송학교 유니게 과정 박정숙
이슬비전도학교 / 303비전성경암송학교 / 303비전꿈나무장학회

펴낸곳   규장

주소 06770 서울시 서초구 매헌로 16길 20(양재2동) 규장선교센터
전화 02)578-0003   팩스 02)578-7332
이메일 kyujang0691@gmail.com   홈페이지 www.kyujang.com
페이스북 facebook.com/kyujangbook   인스타그램 instagram.com/kyujang_com
카카오스토리 story.kakao.com/kyujangbook
등록일 1978.8.14. 제1-22

책값 뒤표지에 있습니다.
ISBN 979-11-6504-424-4 03230

규ǀ장ǀ수ǀ칙

1. 기도로 기획하고 기도로 제작한다.
2. 오직 그리스도의 성품을 사모하는 독자가 원하고 필요로 하는 책만을 출판한다.
3. 한 활자 한 문장에 온 정성을 쏟는다.
4. 성실과 정확을 생명으로 삼고 일한다.
5. 긍정적이며 적극적인 신앙과 신행일치에의 안내자의 사명을 다한다.
6. 충고와 조언을 항상 감사로 경청한다.
7. 지상목표는 문서선교에 있다.

하나님을 사랑하는 자 곧 그의 뜻대로 부르심을 입은 자들에게는 모든 것이 合力하여 善을 이루느니라(롬 8:28)

규장은 문서를 통해 복음전파와 신앙교육에 주력하는 국제적 출판사들의
협의체인 복음주의출판협회(E.C.P.A:Evangelical Christian Publishers
Association)의 출판정신에 동참하는 회원(Associate Member)입니다.